CONVERSACIONES CON LOS NIÑOS DE AHORA

MEG BLACKBURN LOSEY

CONVERSACIONES CON LOS NIÑOS DE AHORA

Niños de cristal, niños índigo
y niños de las estrellas hablan sobre el mundo,
la vida y sobre el cambio que se espera en 2012

EDICIONES OBELISCO

Si este libro le ha interesado y desea que le mantengamos informado
de nuestras publicaciones, escríbanos indicándonos qué temas son de su interés
(Astrología, Autoayuda, Ciencias Ocultas, Artes Marciales, Naturismo,
Espiritualidad, Tradición...) y gustosamente le complaceremos.

Puede consultar nuestro catálogo en www.edicionesobelisco.com.

Colección Nueva Consciencia/Niños de la Nueva Era
CONVERSACIONES CON LOS NIÑOS DE AHORA
Meg Blackburn Losey

1.ª edición: abril 2009

Título original: *Conversations with the Children of Now*

Traducción: *Natalia Labzóvskaya*
Maquetación: *Marga Benavides*
Diseño de cubierta: *Marta Rovira*

© 2007, Meg Blackburn Losey
Original inglés publicado por acuerdo
Career Press, 3 Tice Rd., Franklin Lakes, NJ07417, USA
(Reservados todos los derechos)
© 2009, Ediciones Obelisco, S. L.
(Reservados los derechos para la presente edición)

Edita: Ediciones Obelisco, S. L.
Pere IV, 78 (Edif. Pedro IV) 3.ª planta, 5.ª puerta
08005 Barcelona - España
Tel. 93 309 85 25 - Fax 93 309 85 23
E-mail: info@edicionesobelisco.com

Paracas, 59 - Buenos Aires
C1275AFA República Argentina
Tel. (541 - 14) 305 06 33
Fax: (541 - 14) 304 78 20

ISBN: 978-84-9777-538-0
Depósito Legal: B-5.375-2009

Printed in Spain

Impreso en España en los talleres gráficos de Romanyà/Valls S. A.
Verdaguer, 1 - 08786 Capellades (Barcelona)

DEDICATORIA

Para la humanidad.
Las posibilidades de infinitos mañanas
están dentro de nuestro despertar

Agradecimientos

Desde el principio, este libro ha sido una obra de amor. Sé que si intento mencionar todos los nombres y rendir homenaje a todos los que han participado en esta labor, con toda seguridad me olvidaré de alguien.

A cada uno de los chicos que han participado en la tarea de difundir sus palabras para que tú puedas leerlas, le ofrezco mi amor y mi agradecimiento por su valor y sabiduría. Estoy en deuda con vosotros.

Cada uno de estos maravillosos chicos goza del apoyo de sus padres y maestros, así como de otras personas que, en un segundo plano, han participado escribiendo sus respuestas y biografías y han animado con dulzura a los chicos a ser lo que son. Os felicito a cada uno de vosotros, al mismo tiempo que os doy las gracias.

Me siento eternamente agradecida a Sunny Ariel, por permitirme utilizar la entrevista con Scotty, que previamente habíamos grabado.

Joy Kauf: nuestro encuentro en Denver se debe a la suerte. El mundo será un lugar mejor porque has dedicado tiempo a dar ánimo a tus alumnos y a sus padres para que ayudaran en esta obra. Gracias.

A cada uno de los lectores de este libro: no sólo os agradezco, sino que os ruego que se lo prestéis a los maestros y a los médicos de vuestros hijos, así como a todos aquellos que creáis que van a prestar atención a las palabras de los niños.

Póstumamente, a mi amigo *más maravilloso*, Van Villanti: sigues siendo el mejor ejemplo que he conocido de un amigo que presta su apoyo. Cuando me siento atascada, sigo formulando la misma pregunta: «¿Qué hubiera dicho Van?», y sigo escuchando tus sabios consejos.

A *New Page* y *Career Press*, y en particular a Laurie Nelly-Pye y a Michael Pye: gracias por compartir con el mundo vuestra fe en mí y en mis libros.

Y a mi David: me encanta que creas en todo lo que hago.

Prólogo

¡Este libro lo han escrito niños y niñas! Se trata de personitas muy especiales, ya que representan lo que muchos llaman la nueva consciencia sobre la Tierra… una evolución de la humanidad que se hace patente en la mente de los seres humanos vivos más jóvenes. ¿Es posible? ¿Podemos, en realidad, evolucionar como raza humana? Si es así, se pondrá de manifiesto en los niños, y, concretamente, en este libro.

En la última década se ha escrito mucho sobre estos niños, y se han dado muchas categorías y muchos nombres. La educación ha empezado a fracasar debido a la falta de voluntad, por parte de los gobiernos, de aceptar este hecho, y las compañías farmacéuticas están ganando una fortuna con el Ritalín.ᵗᵐ Los pediatras niegan esta evolución porque no está en sus libros de texto ni en su experiencia; mientras tanto, un número cada vez mayor de niños abandona la escuela o consume droga debido a un sistema de educación de hace 100 años que no sirve ya para abordar una consciencia nueva.

Meg Blackburn Losey se encuentra en la vanguardia en el estudio de estos niños, con los recursos más poderosos, que son los propios niños. Con el permiso de sus padres, os ofrece un libro que permite penetrar en sus mentes y ver lo que piensan, de modo que podéis decidir por vosotros mismos si es verdad que los chicos de este planeta se están transformando.

Preparaos para asistir a inesperadas muestras de sabiduría, poesía e incluso atisbos de un mundo distinto, mientras estos niños-escritores proporcionan sus respuestas a preguntas tan profundas como: ¿Cuál es nuestro propósito? ¿Quién es Dios? ¿Qué sucede cuando uno muere? ¿Has vivido antes? ¿Existen otras dimensiones? Estos chicos son nuestro futuro, así que concentrémonos en su mensaje en las páginas siguientes... ¡Leed!

Lee Carrol
Coautor de *Los niños índigo*

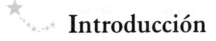

Introducción

Tal vez estéis esperando encontrar en este libro bonitas historias sobre niños. Sin embargo, en estas páginas hallaréis una gran sabiduría que os hará sonreír, que llenará de lágrimas vuestros ojos, os asombrará, desafiará a vuestras creencias y, por último, os sobrecogerá y os inspirará. Al fin y al cabo, ésta es nuestra meta, tanto de los «Niños de Ahora» como mía. Los niños que han participado en esta obra lo hicieron de manera voluntaria y, por supuesto, con el permiso de sus familias.

Tienen mucho que decir, y ésta no es más que una muestra. En nuestro mundo de hoy existen miles, si no millones, de estos asombrosos niños que demuestran la enorme evolución de la consciencia de la humanidad.

Se está produciendo en la actualidad un despertar de consciencia sin precedentes, y nuestros niños son sus testimonios vivientes.

Lo que está ocurriendo es un fenómeno asombroso; hemos empezado a progresar hacia una evolución muy rápida. El intrincado funcionamiento de nuestro ADN va cambiando, y nuestro cerebro empieza a funcionar de una manera más plena que antes. Las relaciones entre ondas cerebrales avanzan espontáneamente hacia un patrón vibratorio más elevado, del mismo modo que nuestros campos magnéticos dentro de nuestro ADN. Debido a esto, nuestro cerebro en su conjunto funciona como unidad cohesiva de consciencia. Esto significa que la humanidad se está tornando cada vez más conscientemente perceptiva y que evoluciona para convertirse en un ser sensitivo: conscientemente perceptivo de todo a un mismo tiempo.

Como en mi libro anterior, *Los Niños de Ahora*, este proceso evolutivo entre los niños tiene muchas facetas.

Los niños índigo fueron los primeros en aparecer. Son verdaderos paradigmas, sabedores de que las leyes de nuestra sociedad sólo sirven a unos pocos, y de que el espíritu humano no se puede controlar con mentiras. Son seres ingeniosos que desean ponerse de pie y decir «no» cuando se les presentan situaciones que consideran no ciertas.

Los niños de cristal[1] son seres sensibles que muchas veces son telepáticos; poseen una capacidad natural para la sanación, son perceptivos más allá de lo imaginable y están aquí en la Tierra como representantes de lo que antes fuimos.

Los niños de las estrellas son seres de gran inteligencia cuyo ADN se ha segmentado de nuestra raza original y se ha convertido en activo. Se concentran en la tecnología, poseen conocimientos innatos acerca de la energía y serán los científicos del futuro.

Los niños transicionales no son ni índigo ni de cristal, sino que poseen conjuntos mixtos de energías. Con frecuencia, poseen dones propios, pero son incapaces de mostrarlos o no lo desean. En su lugar, creen que son «diferentes», piensan que no valen nada o, simplemente, que son «raros». Estos chicos en muchas ocasiones se ven involucrados en asuntos de drogas, alcohol, violencia u otras cosas peores.

Los bellos silentes constituyen una parte de la humanidad que, en mi opinión, es la más atrayente. Estos niños,

---

1. Se les conoce también como niños cristalinos (*N. de la T.*)

que por lo general padecen disfunciones físicas que oscilan desde menores hasta las más extremas, no hablan o no pueden hacerlo. En vez de ello, sus voces son telepáticas, y algunas personas empiezan a comprenderlos.

Categorizar a estos niños nunca fue mi intención. Sin embargo, a lo largo de incontables horas de trabajo con ellos y con sus familias, empecé a distinguir claras divisiones, y cómo niños de cada uno de estos grupos poseen rasgos específicos. A fin de describir este fenómeno creciente, tuve que hallar un vocabulario diferenciador. Sigo manteniendo la opinión de que «etiquetar» a los niños no es el camino correcto, ya que esto los hace sentir como si estuvieran al margen de la humanidad cuando, de hecho, son ellos la verdad misma de lo que somos.

Entonces, *¿por qué se está produciendo esta evolución?*

Ante todo, vivimos en la ilusión de ser, cada uno de nosotros, una entidad individual y diferente de todas las demás. Aunque en algunos aspectos esto es cierto, la otra cara de la moneda es que todos estamos hechos de la misma sustancia que la creación. Nos ha creado Dios, la Fuente, el Creador, la Luz, o comoquiera que optemos por llamarlo, y somos uno dentro de un cuadro mucho más intrincado que nuestras mentes pensantes puedan comprender.

La verdad es que, como raza humana, hemos olvidado lo que somos y de lo que somos capaces. Nos hemos dejado llevar por la ilusión de ser los seres manifiestos más importantes de toda la creación. Miramos a otras personas y las juzgamos, nos juzgamos a nosotros mismos según lo que otros hacen y medimos nuestros logros de acuerdo con lo que vemos hacer a los demás. Nos sentimos vacíos, como si algo faltara en nuestro mundo.

Nuestras religiones luchan por las verdades en que, según ellas, debemos creer, cuando, de hecho, estas verdades fueron modificadas hace siglos, al aligerar la mayoría de los textos antiguos y al traducir apenas unos pocos de otros de acuerdo con lo que se deseaba entonces. Como hemos descubierto, se han dejado muchas cosas a un lado a raíz del descubrimiento de los Evangelios de Nag Hammadi y otros antiguos rollos hallados en Oriente Medio.

Quedan muchas lagunas en la información de que disponemos acerca de la historia de la humanidad. Existen testimonios arqueológicos donde se pone de manifiesto que los seres humanos existen desde hace más de un millón de años. Hay evidencias de una tecnología que va mucho más allá de todo cuanto conocemos hoy en día, y que es «anterior a los tiempos». Anterior a la historia humana.

En el antiguo Egipto, las pirámides, que hoy todavía nos sobrecogen e inspiran, fueron construidas por personas que apenas poseían una tecnología primitiva. Las pirámides han resistido embates de diluvios, torrentes, tormentas de arena y otros inconcebibles acontecimientos, y apenas muestran unas pocas mellas.

Los sumerios dejaron escrituras sobre un pueblo que había venido de otro planeta y poseía una avanzada tecnología. Sus otras escrituras se refieren a algo similar, a una explosión nuclear, posiblemente lo mismo que la Biblia describe como Sodoma y Gomorra. Las tablillas sumerias dicen también que estos visitantes se mezclaban carnalmente con seres humanos.

En la India, textos antiguos hacen referencia a máquinas voladoras denominadas *vimana* que transportaban gente de unos lugares de la Tierra a otros. Incluso podemos ver estas máquinas voladoras representadas en obras del arte antiguo, allá en lo alto, en un segundo plano, como si tales máquinas fuesen un fenómeno normal de entonces. Por supuesto, todos sabemos que en aquel entonces nadie sabía volar, ¿verdad?

Las antiguas escrituras hablan también de otros misterios de tecnología que nosotros, como sociedades presumiblemente avanzadas, aún no hemos descubierto. En la historia humana existen más cosas que las que se consideran aceptables y cuya existencia se niega. El asunto es que en lo más profundo de cada uno de nosotros están almacenados recuerdos innatos de toda nuestra historia: una memoria celular que contribuye a nuestros instintos.

Aprendimos muy temprano a protegernos de depredadores y enemigos, y acaeció en los tiempos antiguos, cuando empezamos a migrar cada temporada en busca de alimentos, agua y refugio. Comenzamos a interactuar con otros seres para establecer trueque y matrimonio, entre otras cosas. En vez de simples reacciones de supervivencia, nuestras mentes aprendieron el arte de la sutileza. Comenzamos a pensar a nuestra manera, cerramos las puertas a nuestro conocimiento superior, a nuestra percepción consciente que era accesible a ondas cerebrares de vibración superior, las ondas gamma, e incluso a frecuencias más sutiles que emitimos a la realidad universal.

Como resultado, desarrollamos egos que llegaron a gobernarnos, que no nos dejaron avanzar, haciendo que nuestras experiencias pesaran más que las anteriores. Hemos evolucionado hasta convertirnos en seres temerosos que se perciben como separados unos de otros. Hemos llegado a que nos orienten mentalmente, y esto nos resulta útil hasta cierto punto.

Ahora, en nuestra evolución, hemos realizado un círculo completo. De una manera espontánea, muchos adultos han empezado a despertar hacia una realidad superior, conocedores de que en nuestra existencia hay mucho más de lo que percibíamos. Cuando nosotros, los adultos, empezamos este despertar, nos convertimos en puentes para el progreso de la consciencia en la humanidad. Con este despertar hemos dado vida a nuevas generaciones de niños que nos traen mensajes de lo que hemos olvidado desde hace mucho tiempo. Estos niños lo recuerdan todo, o al menos partes de nuestro pasado lo suficientemente importantes como para concederles no sólo credibilidad, sino también vida.

Los mensajes de estos niños son puros en forma y sentimientos. Durante el tiempo que trabajé con ellos y sus familias, me relataron, una tras otra, historias sobre viajes fantásticos, tecnologías, percepción consciente multidimensional, sus observaciones de la humanidad, Dios, nuestro mundo y todo lo demás.

Cuando mi libro *Los Niños de Ahora* recorrió todo el mundo, muchos lectores compartieron conmigo nuevas historias. Con toda franqueza, este material era demasiado bello, muy importante para permanecer, sin más, entre mis notas.

Para el propósito de este trabajo, ideé una serie de preguntas que me parecieron los tópicos más importantes que la humanidad desea aclarar. Como adultos, luchamos por comprender los aspectos menos tangibles de nuestra existencia. Queremos saber quiénes somos, de dónde venimos y por qué estamos aquí. No nos ponemos de acuerdo sobre qué Dios es el Dios único, y vivimos basándonos en lo que creemos que nuestro Dios perfecto desea que hagamos. Esto, por supuesto, se basa, a su vez, en nuestras enseñanzas religiosas y valores, que se nos han transmitido a lo largo de generaciones. Nos preguntamos quién es en realidad Dios y qué significa para nosotros, y a veces estas creencias no se acomodan bien en nuestro interior. Comenzamos a cuestionar cosas.

Hablamos sobre un amor incondicional, pero, ¿sabemos en realidad qué es el amor? Quise averiguar qué dirían los niños, libres de los sentimientos de los adultos.

Nos preguntamos si existe vida más allá de nuestra realidad e intentamos abandonar nuestros cuerpos al menos para ojear el «más allá» y saber si de verdad existe. Y, si lo hacemos y logramos llegar «allá», a muchos nos asusta dejar atrás lo que hemos visto, oído o sentido. Para otros, esto sirve de puerta abierta hacia realidades superiores.

Pasamos gran parte de la vida temiendo a la muerte, cual si fuera algo que se pudiera evitar. En realidad, no sabemos o no recordamos qué sucede después, y luchamos contra la dualidad de nuestro cuerpo y nuestra percepción consciente superior, la cual sugiere que existe no simplemente una vida después de la muerte, sino más allá de nuestro aquí y ahora.

Cada día tienen lugar guerras en nuestra vida, por una razón u otra, generalmente por causas religiosas, de fronteras o algún producto que podría enriquecer a un grupo y hacerlo más poderoso que otros.

Deseamos hallar vías para salvar nuestro mundo a la vez que malgastamos sus recursos. Con frecuencia, tratamos a nuestro planeta con indiferencia de privilegiados, olvidando que es del cuerpo de nuestro planeta de donde provienen, en su mayor parte, nuestras comodidades, y que estos recursos son limitados.

Se habla y se especula mucho sobre el advenimiento del año 2012. ¿Tendrá lugar el fin del mundo? ¿Se producirán serios cambios sobre la Tierra? ¿Traerá el porvenir mayores posibilidades, un salto en el desarrollo de la consciencia humana? ¿O es que toda esta preocupación no es más que una tormenta en un vaso de agua?

Decidí preguntar a los niños sobre *todo* esto. Poseen una sabiduría más allá de la creencia basada en lo cotidiano y con profundas penetraciones espontáneas. La gente piensa que los niños dicen cosas bonitas, pero la verdad es que *saben*. *Los niños saben.*

Las preguntas son sin tapujos y tienen que ver con los temas que más ocupan los corazones y las mentes de la humanidad presente. Quise que los niños tuvieran la oportunidad de expresarse según su propia voluntad. Y así lo hicieron. Mis comentarios son muy pocos, ya que ellos hablan sobre sus propias experiencias. No quise en modo alguno guiarlos o sugerirles respuestas extravagantes.

A fin de dejarlo claro, me limité al papel de observadora, indicándoles únicamente la dirección que tenían que tomar y, entonces, les dejaba que formularan respuestas como quisieran y cuando desearan. A veces, hubiera podido profundizar aún más, y tal vez en otra oportunidad lo haga. Mi intención era mantener esta conversación en relación con las preguntas que había preparado.

Debo decir que me siento sobrecogida ante los niños que participaron en este proyecto. Cuando leía sus respuestas, me sentía a la vez humilde y llena de admiración ante sus percepciones de lo intangible y su absoluta franqueza. En realidad, reí y lloré.

En las entrevistas, una tras otra, iban surgiendo elementos comunes; al parecer, la consciencia colectiva de los niños tiene un mensaje para la humanidad. Os ofrezco estos mensajes de los Niños de Ahora.

He antepuesto a cada capítulo unas secciones que llamo amorosamente «páginas de sabiduría». Cada una de ellas contiene una o dos citas de lo que dijeron los niños del correspondiente capítulo. Si se les educa correctamente y se les permite ser lo que son, conducirán nuestro mundo hasta cotas inimaginables.

Otra cosa inesperada y maravillosa que ocurrió durante las entrevistas fue que varios de ellos, de forma espontánea, contribuyeron con sus obras de arte y su poesía, algunas de las cuales, con su permiso y el de sus padres, he incluido en este libro.

Ha sido un honor y privilegio trabajar con cada uno de estos maravillosos seres, así como con sus padres y cuidadores, y ofreceros a vosotros, mis lectores, el profundo sentimiento de la posibilidad de que nuestros hijos nos recuerden que nunca es demasiado tarde ser para ser quienes somos, para vivir cuidándonos los unos a los otros, amar con plenitud, despojarnos de nuestros miedos a cosas que simplemente no comprendemos y otras infinitas posibilidades que nos son accesibles porque *somos* el cambio que procuramos. Simplemente, escuchad a los niños…

Bendiciones, Gracia y Paz.
Meg Blackburn Losey, Msc. D., doctora en filosofía

1

Si te conoces a ti mismo, conoces el universo.
Es tan maravilloso, porque, si te conoces,
puedes enfrentarte a cualquier cosa que te ataque.
Y nadie puede ponerte un apodo
ni nada por el estilo,
ni esto tendrá, de hecho, importancia alguna,
porque tú sabes quién eres.
Es como cuando el agua embate contra una roca.
Si te conoces a ti mismo, puedes ser
una verdadera roca dura.

¿Quién eres, Scotty?
«Soy, decididamente, una dura roca.»

Scotty

Os presento a los Niños de Ahora

¿Cómo puedo expresar el asombro que sentí al conocer a cada uno de estos corazones desbordantes de luz? En su inocencia, cada uno de ellos ha vertido algún destello de luz sobre un mundo que muchos han olvidado, que nos ha permitido entrever infinitas opciones y posibilidades, todas a nuestro alcance.

Algunos de los niños han optado por traer sus dones al mundo de manera pública. Otros prefieren ser más reservados y gratifican con el amor del infinito a aquellos que los rodean en su vida diaria.

Siempre y cuando fue posible, los niños escribieron sus autobiografías; otras las han escrito sus padres.

Cada uno es un magnífico espejo para la humanidad. ¡Nos han de enseñar el amor y mucho más! Me corresponde el honor y el privilegio de presentaros a los principales protagonistas de esta obra.

NICHOLAS TSCHENSE

Muchos de vosotros recordáis el conmovedor prólogo del libro *Los Niños de Ahora*. ¡Nicholas Tschense es un niño encantador de 10 años que tiene una misión en la vida! Cuando sólo tenía 3 años, dijo: «Oíd, tengo un magnífico propósito en la vida: estoy aquí para enseñar los mensajes de Dios, nuestro Creador».

Su sueño es llegar a comunicarse en los próximos años con más de 10 millones de personas y enseñarles el amor incondicional. Sus enseñanzas son puras y sencillas. Las palabras de Nicholas poseen una verdad que puede liberar a cualquier corazón. A lo largo de estos años ha logrado muchas cosas gracias a su don de comprensión de lo que significa el amor puro.

Nicholas comenzó a escribir poesía inspirada a la temprana edad de 3 años, cuando creó su primer poema, titulado «Rare Beauty» («Rara belleza»), que trataba sobre un árbol. Desde entonces, ha escrito un libro, *Nicholas Inspires God's Love for All*. Nicholas tiene también el inusual honor de ser presidente de muchos eventos internacionales, a partir de su primera comparecencia a la edad de 5 años. Fue entonces cuando recibió el primer Child and Youth Award

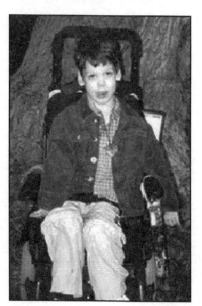

for Healing and Peace (Premio para niños y adolescentes por sanación y paz).

A los 6 años, James Twyman invitó a Nicholas a Ashland, Oregon, para llevar su mensaje de paz a una conferencia.

Mientras la noticia sobre Nicholas sigue extendiéndose con rapidez, se le felicita sobre todo por tener el honor de ser nombrado Embajador de Amor de The Love Foundation.

Nicholas dice que incluso a pesar de que sus limitaciones físicas puedan dificultar su misión, nada puede impedirle enseñar el amor a las personas. Para más información sobre este sorprendente niño que cautiva corazones por doquier, visitad su página web www.friendsofnicholascom.

JUDE DECOFF

Me llamo Jude. Nací en Landsthul, Alemania, el 27 de octubre de 1981. En numerología, esto hace que el número 11 sea el que señale la senda de mi vida. En pocas palabras, el 11 representa las cualidades de maestro, guía, mentor, persona que ilumina, enseña y muchas otras palabras muy significativas que indican el número de maestro y una vida de elevada carga energética.

El nombre de mi padre es también Jude, lo cual me hace ser Jude el hijo. Esto demuestra a todos que mi nombre no se debe a la famosa canción de los Beatles. Me pusieron el nombre de mi padre, a quien se lo habían puesto en honor a St. Jude (san Judas), el santo de las causas perdidas.

Le pusieron este nombre porque mi abuela no había podido tener hijos hasta que un día rezó a este santo, como último recurso, y entonces obtuvo la bendición de tener cuatro hijos, uno tras otro.

Mi madre se llamaba Joanne Knight. Uso su apellido de soltera porque, aparte de sus tarjetas de crédito y los préstamos para estudios, no la conozco. Cuando tenía 3 años, tanto a mí como a mi hermana Jennifer nos separaron de ella. Durante el tiempo que pasamos con nuestra madre biológica fuimos víctimas de abusos físicos, emocionales y sexuales. Nos criaron mi abuela Marie Clair Deshaes De-Coff, que murió de cáncer de colon hace 6 años; mi abuelo Joseph DeCoff y mi padre, quien se volvió a casar cuando yo tenía 12 años con Carolyn Anne Rotti.

Asistí a la David Prouty Regional High School en Spencer, Massachusetts, y a los 17 años me gradué con diploma de honor como miembro de The National Honor Society. Durante mi último año en la escuela, asistí a Worchester State College como parte del programa de captación dual para alumnos destacados. Después, me matriculé en la Universidad de Massachusetts, en Amherst. Me gradué como licenciado en arte y en comunicación y, como otras especialidades, en psicología y religiones comparadas. En total, me gradué en 7 años.

En 2007 obtuve el título en psicología de dolor y paranormal. Tengo también una licencia de barman en Massachusetts y, en diciembre de 2007, me voy a presentar a un examen para agente inmobiliario.

Además de todo esto, casi he terminado mi autobiografía *Through Indigo Eyes*, que espero que se publique pronto.

Durante los últimos 5 años he trabajado en hostelería; sin embargo, me gustaría profundizar más en mi carrera como psicólogo. Tengo una consulta que se llama Sacred Endeavors LLC, en Northampton, Massachusetts, en un lugar que pertenece a un amigo. Interpreto las cartas de Oráculo, ofrezco talleres de numerología y cartomancia, asisto a personas apenadas y ofrezco otros consejos sobre cuestiones relacionadas con cómo organizar la vida, incluso en sus aspectos metafísicos y psíquicos. Mi consulta se inauguró en mayo de 2007 y, poco a poco, va progresando. Comencé mi práctica vendiendo mis conferencias en eBay.™ (La doctora Meg: ¡las conferencias de Jude son extensas y exactas!)

La autora me pidió que, sin abandonar todas estas cosas que ocupan mi vida, interviniera en este libro. Comprendí que ésta es la única oportunidad en mi vida de llevar mis mensajes al mundo y, en última instancia, llegar hasta el amplio público (es el 11 de ilustración), que siempre había anhelado.

Decidí trasladarme a Parker, Arizona, en octubre de 2007. El motivo es que así puedo acercarme a la alineación planetaria de mi línea de Plutón, que es la que rige mi línea ley psíquica, y que parte desde Las Vegas, Nevada, y apunta a la vez hacia el norte y hacia el sur. Si quisierais saber más sobre mí, me sentiría sumamente feliz de responder a vuestras preguntas por correo electrónico, jtdecoff1027@hotmail.com; también podéis leer mi autobiografía *Trough Indigo Eyes,* que está a punto de ver la luz.

GRANDMA CHANDRA

«Grandma» Chandra afirma que ya estamos preparados para tener contacto con otras dimensiones. Debemos descubrir nuestros rostros e ir más allá de lo físico.

Grandma Chandra, un milagro viviente, es un ser omnidimensional en un cuerpo que adolece de graves limitaciones. Debido a sus retos físicos, Grandma posee otros dones. Se aparece de cuerpo entero en sueños y estados de meditación de las personas para animarlas a contactar con ella para que pueda ayudarles a que despierten y descubran su verdadera identidad.

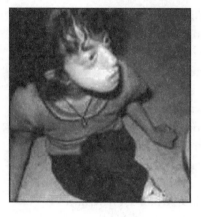

Tres meses después de su nacimiento, Chandra empezó a hacer «mudras» con los dedos; las «mudras» son signos sagrados de Inteligencia Universal y OM.

A los 9 años y medio, empezó a leer espontáneamente la vida pasada de todos cuantos entraban en contacto con ella. Al margen de las limitaciones de su cuerpo, Chandra posee una inquebrantable vocación que está relacionada con las vidas pasadas.

La vida de Grandma Chandra ha consistido en una asombrosa serie de despertares y acontecimientos durante los cuales ha compartido con el mundo sus fenomenales dotes.

Cuando Chandra tenía 16 años, el jefe indio norteamericano Golden Eagle le concedió el título de *Grandma* («abuela»), que significa «portadora innata de pipa», o, dicho de otro modo de sabiduría.

A los 17 años, se descubrió que Chandra lee papeles enrollados, revistas y libros cerrados, etc., a través de las yemas de los dedos. Puede nombrar una página de un libro y decir qué tiene que ver contigo o con cualquiera que esté en la habitación. Cuando atiende consultas, hace esto con diversos libros u otras publicaciones de carácter sagrado o espiritual.

James Twyman, conciliador internacional y autor de los libros *Emissary of Light* y *Emissary of Love*, descubrió a Chandra cuando ésta tenía 19 años y la invitó a participar en su Psichic Indigo Children Conference en Kona, Hawai. Después de esta conferencia, Chandra empezó a codificar a las personas según su misión planetaria y el modo de cumplirla.

A los 20 años, Chandra asegura que es un ser 12-dimensional que ha venido a este mundo para guiar y enseñar a aquellos cuyos códigos activa con sus lecturas y el CD *The Awakening Codes of Grandmother Chandra.*

Grandma mantiene comunicación por correo electrónico con el nieto de Jacques Cousteau. Le preguntó si podía filmar a las ballenas a 35.000 pies de profundidad. Él respondió que la profundidad del océano sólo llega a 25.000 pies. Chandra no estuvo de acuerdo, y entonces él le preguntó si se refería a una grieta marina. Chandra respondió: «Sí, es en el sur del Pacífico». A continuación recibió un CD de las ballenas a 35.000 pies de profundidad y nos trajo este mensaje de las ballenas en su CD *Whalespeak.*

En mayo de 2003, Chandra dijo que era una *Stare Gate Opener* (literalmente, «la que abre las puertas estelares»). Comenzó a abrir puertas estelares durante sus presentaciones por todo el territorio de Estados Unidos. Las puertas estelares son portones, puertas, entradas y aperturas no físicas alrededor del planeta que permiten sólo a seres altamente vibratorios, como maestros ascendidos, ángeles y guías, que vengan a ayudarnos y que el planeta avance hacia el próximo nivel consciente de paz y ascensión. Chandra afirma: «Si no se lo pedimos, no podrán venir, aunque todos estemos comprometidos a despertarnos ante la llamada de nuestros códigos para permitirles que nos ayuden. Debemos pedirlo». Éste es el propósito de abrir las puertas estelares.

En julio de 2003, Chandra se reunió con Jimmy Twiman en Ashland, Oregon, para asistir a su segunda Psichic Indigo Children Conference, donde habló de la necesidad de que cada uno de nosotros cumpla su misión planetaria, puesto que ya sabemos que el «tiempo» va ganando velocidad.

En noviembre de 2003, Grandma fue anfitriona de una presentación de Concordancia Armónica en Scottsdale, Arizona, donde ayudó a los asistentes a despertar a sus misiones planetarias.

En febrero de 2004, Grandma participó en la Sacred Geometry Conference en Sedona, Arizona, donde habló sobre líneas axitonales del cuerpo sutil y sus relaciones con la geometría sacra.

En junio de 2004, Grandma partió a Holanda para ofrecer presentaciones y talleres. En Holanda creó la Grandma Chandra Attunement Chamber, una cámara para manifestaciones omnidimensionales que nos ayuda a recobrar las partes de nosotros que los extraterrestres toman, voluntaria o involuntariamente, para realizar experimentos o aprender.

En noviembre de 2004, voló a Taos, Nuevo México, para asistir al jefe Golden Eagle (también conocido como Black Spotted Horse) en el fenómeno de energías 11:11, que promueve cambios en el campo morfogenético de la Tierra.

En diciembre de 2004, volvió a unirse al jefe Golden Eagle para una presentación 12:12 en Sedona, Arizona, donde habló de la 12.ª dimensión y de cómo acceder a ella.

En marzo de 2005, señaló un mapa local y dijo que debíamos comprar una casa allí. Decidió que la sala de la casa iba a ser su puerta estelar, y nos mudamos allá a finales de mayo. Dijo que esta casa iba a ser el primer peldaño para iniciar su Awakening Center of Grandma Chandra.

En junio de 2005, viajó a Los Ángeles para asistir a una presentación de la Herat and Sky Lodge. Mientras estuvo allí se comunicó por telepatía con algunos renombrados músicos y les dijo que ya había llegado el momento de crear un DVD con «sonidos de planetas». Uno de los músicos grabó su toque de tambor y dijo: «Ella toca en el tambor los sonidos de las esferas de acuerdo con el teorema de Pitágoras» (fuente: JB, Los Ángeles).

Para más información, visitad a Grandma en su página web www.grandmachandra.com.

Tristan Boardway, conocido también como Trevor en el libro *Los Niños de Ahora,* tiene 13 años y vive con su mamá, su papá y tres perros: Haley, Holly y Latte.

A lo largo de su vida, Tristan ha dado muestras de muchos dones especiales, entre ellos, comunicación telepática, percepción visual de auras, recuerdos de vidas pasadas, así como anticipación de vidas futuras y comunicación con espíritus, extraterrestres y otros seres interesantes. Puede también sentir dolores físicos y emocionales de otros y enviar a estas áreas energía sanadora. A causa de estos dones, algunas veces a Tristan le resulta abrumador sentir tanta energía procedente de otros. Por ese motivo, ha aprendido un gran número de ejercicios básicos que le ayudan a sentirse más cómodo. Tristan sigue trabajando para equilibrar su energía.

Gatear y caminar le resultaba muy difícil, y siempre pareció ser ajeno a su cuerpo. Con la ayuda de muchas técnicas alternativas, ha superado esas etapas, y ahora es un estupendo esquiador que ha dejado atrás hasta a su padre. Para Tristan, hablar resultó difícil. Es probable que esto sea fruto de sus dotes telepáticas. No empezó a hablar hasta la edad de 3 años, y cuando lo hizo, su discurso era muy confuso y fragmentado. Ahora tiene 13 años, y su madre es testigo de que habla continuamente y que hace infinitas preguntas. Aunque la manera de hablar de Tristan no es todavía tan clara como debiera, no tiene problemas para comunicarse con otras personas y es muy sociable.

Tristan no ha asistido a la escuela, sino que recibe clases en casa y disfruta al estudiar temas tales como el universo, el programa espacial, las culturas indígenas, las civilizaciones antiguas, anatomía, historia, geografía, geometría y, por supuesto, cualquier materia relacionada con los animales.

Siempre le ha interesado volar, así que ha estudiado todo cuanto ha podido encontrar sobre programas de vuelos y espaciales. Su piloto de prueba favorito es Chuck Yeager, quien rompió la barrera del sonido en el Bell-X1. Tristan siempre ha querido ser astronauta, hasta que vio vídeos de entrenamientos en la silla giratoria. Desde entonces, está aún más determinado a averiguar cómo hacer que su cuerpo físico pueda volar como lo hacía cuando estaba en su forma espiritual.

Disfruta con actividades como el esquí, la natación, el senderismo y el kárate. Tristan ha aprendido el nivel 1 de reiki y pronto aprenderá el nivel 2. Además, está aprendiendo el nivel 1 de springforest qigong.

Actualmente, Tristan está pensando en entrenar a uno de sus perros para que pueda ser un perro Delta, y así poder visitar con él a los pacientes del hospital local para convalecientes.

SCOTTY

(Scotty me ha pedido que, por razones de privacidad, no utilizara su foto ni su nombre completo.)

Me llamo Scotty y tengo 15 años. ¡He sabido lo que iba a hacer en este planeta desde el momento en que llegué! Estoy aquí para cambiar el mundo.

Desde que era pequeño, siempre he sentido estar a años luz por delante de mis maestros y de otros adultos que me rodean.

Tengo continuos sueños donde veo el futuro y me veo a mí mismo ayudando y salvando a otras personas. Muchas veces me despierto cansado porque, literalmente, he trabajado durante toda la noche. Soy sonámbulo, y en mis sueños estoy en un plano completamente nuevo.

Puedo ver continuamente el futuro y lo que va a suceder. En cierto modo, mi mente funciona como una enciclopedia de símbolos: lo que veo en mis sueños y en mi trabajo son símbolos, pero mi mente puede leerlos como si se tratara de palabras.

Muchos otros seres me visitan cuando medito o duermo, y me ayudan, continuamente, a aprender sobre este mundo y sobre mí mismo. Conocerse a uno mismo es conocer el universo.

JASIN (JACOB) FURMAN

Recordaréis a Jasin, quien en *Los Niños de Ahora* aparece con el nombre de Craig. Su nombre verdadero es Jake, pero recientemente ha decidido cambiarlo. Por ahora, ha elegido «Jasin». A primera vista, Jasin es un chiquillo normal con una asombrosa capacidad para integrarse en la sociedad. Ha adoptado el papel de un niño humano que nació el 1 de diciembre de 1999, en Paradise Valley, Arizona. Está en el segundo grado y destaca en la escuela. Tiene las mejores notas en ciencias, matemáticas y escritura. Pero no os engañéis. Jasin no es en absoluto un niño normal.

Ya cuando era un bebé, los padres de Jasin advirtieron pequeñas cosas, tales como que los juguetes electrónicos funcionaban solos por la madrugada mientras el niño estaba en su cuna, así como verlo mover sus juguetes mientras él estaba en cualquier otro lado la habitación y decía: «Lo he hecho». Al advertir que no todos los hombres se dan cuenta de esta capacidad, Jasin dice que la ha ocultado en una gaveta y que acudirá a ella cuando esté listo.

Jasin ha mencionado algunas cosas que nos permiten darnos cuenta de que estos seres, cuando son bebés, ya nacen con una memoria y que conservan los recuerdos. Hace poco tiempo, Jasin contó algo de cuando él era un bebé. Lo recordaba como si fuera ayer y describió su cuna como: «[…]esta jaula donde dormía». Al recobrarse del sobresalto, su madre explicó que no era una jaula, sino su camita. Jasin insistía en que era como una celda, pero ahora comprende que, simplemente, las cosas se hacen así aquí.

No es más que una gota en un vaso. Puede relatar algunas vidas anteriores aquí en la Tierra. Visita otras dimensiones. Posee una visión remota. Con frecuencia, mientras va en automóvil por los acantilados en Sedona, Arizona, habla de nativos que cayeron en emboscadas. Si se le pregunta cuándo sucedió esto, responde con una voz profunda y unos ojos negros como el carbón: «Fue en el tiempo del Otomán». Siente nostalgia por su planeta. A veces entra en trance y realiza comentarios sobre cosas que no están equilibradas en su hogar de origen. Dice que allá es como un rey y que su pueblo lo necesi-

ta. Al parecer, posee la capacidad de permanecer en ambos lugares a la vez.

Existe cierta belleza en su manera de ver la vida. Por la noche, mientras mira la llama de una vela, es el resplandor de la luz lo que le maravilla, no la llama. Puede hallar magia en escarabajos o en serpientes, y es capaz de percibir el susurro del viento. Puede permanecer sentado en silencio en el borde del Gran Cañón y saber que es una prueba de que Dios existe. Dice que, cuando uno está en un lugar que ha sido pintado por Dios, puede oírle hablar.

Jasin es un ejemplo vivo de un ser lleno de amor. Cuando se le citó el antiguo refrán de que «si encuentras un centavo, recógelo, y tendrás buena suerte durante todo el día», decidió hacerlo suyo. Se pasó un día entero colocando centavos en lugares oscuros, mientras hacía recados para su mamá. Sigue dejando centavos por dondequiera que vaya. Su razonamiento es que está permitiendo que el mundo sea un lugar más feliz. Esto hace que su corazón se alegre al saber que alguien va a sonreír al encontrar estos centavos. Sabe que está haciendo algo importante: una sonrisa cada vez. Además, está siempre diez pasos por delante de la mayoría de las personas. A principios de año, pidió a su abuela, en New Jersey, que le enviara un determinado juguete. Bueno, el juguete todavía está allí, sobre su estante. De hecho, unos cuantos juguetes simplemente están allí. Esto parece algo bastante típico para un niño de 7 años, ¿no es cierto? Su mamá, sabedora de que Jasin no hace nada por casualidad, le preguntó para qué quería estos juguetes si no iba a jugar con ellos. El chico le respondió: «Voy a empaquetarlos para la donación de antes de las Navidades. Los niños que tienen menos juguetes se sentirían encantados de tener uno de éstos, pero sus padres no pueden comprarles muchos juguetes. Así que les voy a ayudar a tener unas Navidades verdaderamente felices».

Hace dos años, los padres de Jasin se mudaron a una propiedad de unas 40 áreas que tienen en Prescott National Forest. Se dieron cuenta de que el chico era más feliz si tenía alrededor árboles y espacios abiertos. La vida en la ciudad literalmente le aplasta y le hace sentirse agitado. Cada vez que veía construcción y destrucción, le emocionaba mucho. Ahora, cuando los padres de Jasin lo llevan a zonas más pobladas, le recuerdan que debe mantenerse con los pies sobre la tierra. Jasin está con sus animales y guías. Ha optado por estudiar en una academia virtual para poder explorar la vida sin los juegos de la sociedad. Le gusta estudiar lejos de la gente, pero sigue viendo a sus amigos para jugar. Aunque no lo admitiría, calladamente, deja tranquila a su madre cuando ella atiende a clientes en su hogar.

Jasin ha reunido un pequeño grupo de niños de cristal y de las estrellas, que son sus compañeros de juegos. Su madre recuerda una vez cuando dos de los niños estaban discutiendo sobre cómo eran las cosas en la nueva dimensión. Se estaban divirtiendo, como si se tratara de una película de dibujos animados, especialmente pensada para los niños. Oyó cómo decían entre risas: «Sí, como el nuevo sol es una luz clara, no amarilla como la de éste». Otro amigo puede ver el pasado, cuando los nativos se reunían en taparrabos para una fiesta en el lugar que ahora es el patio trasero de Jasin. Un chico dice que unos espíritus le hablan. Pero, para la mayoría, ¡sólo se trata de jugar, reír y divertirse! De hecho, eso es lo que más les gusta.

Jasin no es un chico normal. Vive en el presente y se le guía. Su madre tiene que recordarle con frecuencia que ha venido a este tiempo para ser un niño y que necesita permitir que sus padres desempeñen el papel de progenitores. Éste es un equilibrio delicado que está relacionado con cualquier cosa. El chico sabe lo que desea y cómo obtenerlo. Sabe quién es y cómo serlo. Ha venido aquí para un propósito y comprende que es importante. Como ya hemos dicho, hace poco tiempo se ha cambiado de nombre. Ahora desea que lo llamen Jasin y que el nombre se pronuncie de esta manera. Sabe que el sonido de su nombre es importante y que «Jasin» es el que más le conviene. No se discutió con anterioridad. A las 7 de la mañana del 07/07/07 se despertó y oyó el nombre «Jasin». Se miró en el espejo y dijo: «Esto me conviene». Entonces, a las 7:15, despertó a su madre y le anunció que a partir de entonces le gustaría llamarse «Jasin». Su otro nombre no le sienta bien; no suena correctamente. Sus padres, que se dieron cuenta de que se trataba de un asunto importante, fueron muy comprensivos. Unos días después, la madre buscó el significado del nombre. Jasin quiere decir «sanador».

GABRIEL

(*Escrito por la madre de Gabriel*)
Gabriel tiene 11 años. Es un niño extremadamente pequeño, porque para él comer es muy difícil. Lee y construye cosas, y está solo la mayor parte del tiempo. En la escuela deambula y no se comunica bien con otros niños, porque, según dice, no puede participar en sus juegos. Los otros niños poseen una malicia que le hiere en el corazón y la cabeza.

Los maestros de Gabriel constatan que en clase es el niño más respetado porque siempre dice cosas que tienen mucho sentido y es siempre bondadoso.

Cuando era un bebé, pasaba horas mirando los árboles y moviendo una manita frente a las imágenes. Cuando empezó a hablar, me dijo que veía en los árboles a personas maravillosas y se entristeció porque yo no las podía ver.

Cuando tenía 2 años y medio, ayudó a una perra que se moría diciéndonos qué era lo que el animalito necesitaba. Algunas de estas cosas no nos parecían las adecuadas, pero cuando las realizamos, la perra respondió exactamente de la manera que él había dicho. Después de cuidar a esta perra durante un día entero, la abrazó (la perra nunca había permitido que ningún otro niño estuviera cerca de ella) y le dijo que no tuviera miedo. Comentó: «Ahora ya te vas, adiós», y el animal murió entre sus brazos.

Cuando tenía 3 años, Gabriel me dijo que recordaba que había sido designado para regresar a este planeta cuando yo lo llamara, pero que extrañaba la luz que había dejado atrás.

Gabriel me anuncia los traumas que experimentan sus amigos antes de que nadie más se dé cuenta.

No hablamos mucho de ángeles, pero, cada vez que lo hacemos, es Gabriel quien inicia la conversación.

Hemos intentado entrar en varias iglesias, y, por lo general, se va, y rompe a llorar al entrar en contacto con Dios, y, sin embargo, me dice que ninguna de las iglesias donde hemos estado es el hogar de su alma.

Gabriel es solitario, pero es evidente que nunca hubiera podido ser diferente de lo que es. Trabajamos con regularidad en lo que constituye la mayor preocupación de Gabriel: que no será capaz de entregar todos sus conocimientos a lo largo de la vida.

El hecho de poder estar todos los días junto a él es un regalo que me han dado.

A veces me preocupa no ser lo suficientemente grande como para sostener su grandioso corazón.

(*Escrito por su madre*)
Jasmine Ahn Caldwell van Mentz (su nombre preferido es Ahn van Mentz), hija de una pareja interracial, nació el 18 de junio de 1992 en Washington occidental. Fue una niñita vivaz, atenta y feliz, muy curiosa y sensible. Su personaje favorito era Curious George, y uno de sus apodos era *Buda* (no estoy segura de por qué, simplemente le gustaba). A los 3 años, en  preescolar, Ahn tuvo que acudir al logopeda, ya que tardó en hablar. Mientras otros niños de su edad charlaban sin parar, Ahn era una niña de pocas palabras. Comprendía las palabras que le dirigían, pero no las empleaba. Un pediatra opinó que la causa quizás se debiera tener una hermana mayor que lo decía todo por ella, y de ese modo no tenía necesidad de hablar. Se demostró, sin embargo, que ésta no era la razón.

Ahn era una niña luchadora y, en preescolar, se entristeció mucho por no poder ser *line leader*. Una maestra de preescolar llevó esta situación muy bien al permitirle elegir a quién debía ser *line leader*: ¡brillante idea! Cuando alguien elige a otro como líder, no puede en modo alguno entristecerse porque este otro ejerza el liderazgo.

Ahn es una persona cuya personalidad es diferente. Esto se hizo evidente muy pronto, pero de un modo tan sutil que, cuando alguien era muy a su manera, ella tenía que adaptarse con el fin de encajar dentro de lo deseado y requerido por la sociedad.

El oído de Ahn era tan sensible que cuando su familia la llevaba al cine a veces lloraba, a no ser que llevara tapones para no escuchar tanto los sonidos. La sensibilidad de Ahn no consistía tan sólo en su agudeza auditiva. Posee una enorme empatía y capta todo lo que sienten quienes la rodean. Éste puede ser un gran don, siempre y cuando la persona empática no se extravíe en estos sentimientos y diferencie sus propios sentimientos de los ajenos. La vida en el ambiente escolar era para Ahn demasiado estimulante; la distraía y la dejaba exhausta. Hizo todo lo que pudo para adaptarse; no obstante, esto dejó mella en su cuerpo físico.

Ahn empezó a escribir muchísimo a los 11 años, después del divorcio de sus padres. Se mudó de la gran urbe a una pequeña ciudad en Canadá. Entonces, su hermana estaba en la universidad, y Ahn sentía una gran necesidad de expresar sus sentimientos, así que comenzó a escribir poesía y lírica. Parecía extraer palabras del universo, en muchas ocasiones sin conocer el significado de algunas de ellas, y las plasmaba en el papel. Estas palabras poseían con frecuencia un doble significado y eran sabias y profundas. Dos de sus poemas, sobre todo, asombraron y emocionaron a su mamá: *Mother Angel* y *Cement Cage* («Madre Ángel» y «Jaula de Cemento»).

A veces, la manera de ser de Ahn constituía un verdadero reto para los adultos, ya que se alejaba mucho del modo normal de hacer las cosas. Mientras ella luchaba por concentrarse y adaptarse, se sospechó que padecía de DDAH. Como era extremadamente sensible a todo tipo de energía, a veces se negaba a entrar en un local con iluminación fluorescente. Ir al centro comercial (que encanta a la mayoría de las adolescentes) la podía dejar físicamente enferma. El aprendizaje de técnicas de concentración y conexión con la realidad resultó crucial para que la ansiedad producida por su extrema sensibilidad hacia las personas y el medio no la abrumara tanto.

A los 14 años optó por limitar la interacción con las personas de su edad y empezó a estudiar en su casa. Aprende visualmente y con el tacto. Ahn ha implantado una rutina que incluye yoga, meditación, masaje regular, trabajo con energía y con los ángeles. Ha descubierto el efecto positivo que la naturaleza, en especial el agua, ejerce sobre ella, y el beneficio de estar en medio de árboles, rocas, cristales y animales. Ha descubierto también la importancia de la música y la poesía lírica de elevado nivel vibratorio, los alimentos y las bebidas de alta vibración y, además, el movimiento y la danza. Su pasión, que la impulsa desde el interior, es crear y representar. Es extremadamente sensible a la vibración de las palabras y los sonidos. Actualmente, está desarrollando sus habilidades para componer, cantar, tocar el arpa, los tambores y otros instrumentos musicales.

Muchas veces, Ahn encuentra difícil mantenerse en lo físico y recuerda su pasado espiritual («una gota de pura energía de amor flotando en el espacio»). Preferiría emplear sus capacidades de telepatía y visión remota para enviar mensajes a la red de consciencia galáctica. Con frecuencia, lo hace en sueños.

Ahn tiene un arraigado deseo de armonía y verdad; sin embargo, si en una situación determinada existe falta de integridad, su espíritu guerrero aparece, y Ahn desea dejar a un lado la armonía para poner de manifiesto la verdad. Ahn ejerce liderazgo con el corazón, insiste en fuerza y verdad y, con sus obras creativas y su vida, inspira a otros a hacer lo mismo. Actualmente, su artista favorita es India Arie, y dos de sus autores preferidos son Doreen Virtue y Eckhart Tolle. Ha optado por vivir según una consigna tomada de Mahatma Gandhi: «¡Sé la transformación que desees ver en el mundo!».

Y algunas palabras de la propia Ahn:

Es como si la poesía y la lírica fluyeran desde mi interior y, para compartirlas con otros, estoy creando una página web que pronto estará lista. Mi página web se llamará «BlueStarLight». Sé que uno de mis animales tótem es la araña y antes les tenía mucho miedo. Cuando tenía 12 años comprendí que mi miedo a las arañas era, en realidad, un miedo a mi propio poder y creatividad (la araña representa creatividad y magia con las palabras escritas).

Tengo muchos planes, entre ellos crear una línea de moda con una tarántula como logo. Cantar y bailar me apasionan. Me gusta también tocar instrumentos musicales (sobre todo el arpa), y me interesa la sanación por medio de sonidos. Deseo utilizar mis dones para dar luz a otros, para participar de ALEGRÍA, así como para crear nuestra Nueva Tierra llena de AMOR incondicional.

CHRISTINA MARIE SIEGLE

(*Escrito por su madre, Margi*)
Christina nació el 25 de marzo de 1990.

Es mi segunda hija. Como hacen las hermanitas menores, Christina solía seguir por todas partes a su hermana mayor. Si había sólo una cosa de algo –por ejemplo, unos juguetes–, las hermanas se enfrascaban en una pelea, pero al día siguiente aparecían dos juguetes iguales. Yo preguntaba de dónde provenía el segundo, y Christina me respon-

día: «Lo he hecho con mi magia». Entonces vivíamos en las montañas, así que la niña no tenía ninguna posibilidad de adquirir el otro juguete, y, sin embargo, ahí estaba.

Christina ha sido siempre muy sensible y puede comunicarse con animales, lo que pienso que le ayuda a amaestrarlos, pero también puede entablar comunicación con animales a distancia. Este otoño va a comenzar a someter a una yegua Oldenberg de unos 3 metros a este tipo de entrenamiento.

Todos se sienten atraídos hacia Christina, sobre todo quienes padecen algún dolor; para ellos es como un imán. En muchas ocasiones es en ella en quien las personas de su edad depositan su confianza. Siempre trata de ayudar, pero a veces los problemas que le traen son, en cierto modo, abrumadores. Creo que ésta es la razón por la que no le gusta la secundaria.

De Christina se ha dicho que padece DDA, porque parece muy distraída, pero ella dice que esto sucede sólo cuando está contactando con otra parte y está recibiendo información.

Durante mucho tiempo insistió en haber visto «¡un solo ángel!». Pero después de su primer Eden Event (un evento anual que tiene lugar en los alrededores de Los Ángeles), los ve constantemente. Después de una ceremonia durante el evento, Christina tuvo una asombrosa experiencia. Fue capaz de visitar a mi difunto padre, pero para hacerlo tuvo que salir en bote, ya que él no podía llegar a la orilla.

Cuando Christina era más pequeña, enfermaba con frecuencia y, debido a esto, faltaba a la escuela. No obstante, comprendió siempre la materia y pudo aprobar perfectamente los exámenes, pero sus notas eran bajas, ya que no entregaba las tareas. Le parecía que no era más que «trabajar para perder el tiempo». Pienso que recibía por sus canales gran parte de las respuestas en las pruebas. En realidad, ¡alguien me preguntó si esto constituía un fraude! Tiene 17 años y acaba de terminar su primer año en el instituto.

Cuando Christina estaba en enseñanza media, descubrí que solía viajar fuera del cuerpo para visitar a sus dragones. Fue así como se encontró con sus guardianes. Creo que empezó a hacerlo cuando las cosas se ponían difíciles.

A Christina le gusta comunicarse conmigo por telepatía, pero se siente frustrada cuando no recibo bien sus mensajes. Es una persona de una dulzura maravillosa, y estar junto a ella es una delicia.

PETER DONALD SIEGLE

(*Escrito por su madre, Margi*)
Después del nacimiento de Christina, los médicos me recomendaron que me hiciera una histerectomía. Me negué, pero no les dije que esto se debía a que aún no tenía a mi hijo varón. Vino a mí antes de que me quedara embarazada y me dijo que me ayudaría a curar a su padre. Me comentó que iba a tener unos ojos de color avellana y los cabellos más oscuros que los de Julia, pero más claros que los de Christina. Julia es rubia y tiene los ojos azules, mientras que Christina es morena de ojos oscuros.

Mi embarazo de Peter fue difícil, con varios episodios de riesgo de un parto prematuro. Peter nació el 19 de julio de 1993; era muy pequeño y durante un tiempo se le consideró un bebé con pocas probabilidades de desarrollo. Y, sin embargo, ha sido todo lo contrario: ¡mide casi 2 metros de estatura y todavía sigue creciendo!

He dicho siempre que Peter se había buscado todos los problemas desde antes de hacer nacido. Ha sido siempre el niño más dulce y afectuoso que jamás he conocido. Cuando estaba en el primer grado, solía visitar a diario el despacho de la directora para insistir en que necesitaba «ayudar a los pobres». No se dio por vencido hasta que ella le permitió organizar una recogida de alimentos en la escuela. Esto no lo supe hasta que se imprimieron los folletos publicitarios.

Un día vino a casa muy triste porque un niño le había pegado varias veces. Le pregunté qué había hecho, y me respondió: «Me alejé. ¡La violencia no es la respuesta, mamá!».

En otra ocasión estaba muy alterado y no podía calmarse. Intenté por todos los medios tranquilizarlo, hasta que se me ocurrió decirle que tal vez sus ángeles pudieran ayudarle. Se calmó enseguida, y le pregunté si los ángeles le habían ayudado. Dijo que sí. Entonces le mencioné si podía ver a sus ángeles, y me miró incrédulo y dijo algo totalmente fuera de lo común: «¡Vaya! ¡Claro que puedo VERLOS!». Nunca antes me lo había mencionado. Cuando indagué más, me comentó que venían a controlarlo. Cuando le pregunté qué hacían, respondió: «Simplemente están ahí, en el aire».

Durante un acto en el que Peter participó, dijo que cuatro ángeles lo habían visitado para darle, cada uno de ellos, un regalo. Los ángeles le trajeron salud, fuerza, belleza y amor. Estaban de pie frente a una puerta grande y le comentaron que por esa puerta él podría entrar si regresaba algún día.

Peter me ha traído mucha alegría.

JOSEPH

Supimos que Joseph era especial desde su más tierna infancia. Parecía tener una comprensión de la vida que iba mucho más allá de su edad. Cuando sólo tenía 3 años nos dijo que los ángeles lo visitaban por la noche y le hablaban sobre muchas cosas. «¿Cómo cuáles?», le pregunté. «Cosas sobre el amor, y cómo curar», me respondía. Aseguraba que podía oír a los ángeles cuando le hablaban de cerebro a cerebro. Sin palabras.

Durante varios años pareció que Joseph sabía lo que iba a acontecer en el futuro. El caso más notable fue muy temprano la mañana del 11 de septiembre de 2001, cuando me dijo que dos aviones se iban a estrellar contra dos edificios y que muchísimas personas morirían. Media hora más tarde, dos aviones colisionaron en el World Trade Center. Creo no sólo que el niño había visto con anterioridad todo lo que iba a suceder aquel día, sino que también había sentido tristeza.

Asimismo, parecía recordar el pasado. Una vez, mientras nos dirigíamos a casa en automóvil, comenzó a hablarme sobre una vida en el pasado, cuando todos éramos indios. Cuando sólo tenía 4 años, dijo que podía «pensar hacia atrás», al momento en que aún no había nacido, y recordaba cómo había decidido venir acá, a la Tierra. Me ha dicho que, al cerrar los ojos, puede ver grandes círculos de colores. Llama a estos colores «amor y energía». Me ha comentado que cuando estos colores impactan en un cuerpo curan cualquier mal que éste pueda padecer.

Joseph tiene ahora 10 años. Es un niño inteligente, expresivo, sumamente sensible y apasionado. En ocasiones, la escuela ha sido un reto, no desde el punto de vista académico, sino más bien por esforzarse para encajar en el sistema. Sigue dando muestras de notables capacidades. Este año, en una ocasión, cuando regresábamos de la escuela, le pregunté cómo le había ido. Me respondió que durante un programa de canto para el cuarto grado cerró los ojos y, de inmediato, abandonó su cuerpo. Estaba flotando por encima de los demás niños mientras observaba el programa, y podía ver muchísimos colores alrededor de sus cuerpos. Le dije que esto era magnífico. Respondió despreocupadamente: «Sí, creo que sí; por lo demás, la escuela estuvo O.K.».

No entiende las razones para que existan las guerras, la pobreza, la avaricia y el abuso de la vida salvaje y la naturaleza. Le encantan el chamanismo, las criaturas mitológicas y todo lo que es naturaleza y vida salvaje. Su máxima favorita es:

Trata bien a la Tierra.
No te la dieron tus padres.
Te la enviaron tus hijos.

Refrán indio

SCOTT

Scott tiene 12 años, pero es bastante «mayor» para su edad. Desde hace 4 años colecciona cristales y, en general, le gusta coleccionar y construir cosas. Scott adora hacer reír a las personas y tiene gran afinidad con los animales, sobre todo con los perros y gatos. Cuando tenía 8 años, Scott conoció a algunos de

sus espíritus-guías y, cada día, sigue conversando con ellos. Espera que las personas hagan lo correcto y actúen de acuerdo con las leyes y las normas. Queda muy frustrado cuando no lo hacen. También le gusta nadar.

WESTON SCHMIER

(*Escrito por su madre, Marilu*)
(Weston es una de las estrellas de *Los Niños de Ahora,* donde se le conoce como «William».) Ser padres de Weston ha sido una lección de paciencia y fe. Antes de que naciera, en medio de un ataque de desesperación, recé y creí oír que tendría un niño y que algo iría mal con él. Sin embargo, al final, se pondría bien. Durante mis oraciones posteriores, sentí que las cosas cambiarían cuando el niño tuviera cinco años. Casi de inmediato, después de su nacimiento, pudimos decir que el niño tenía algo peculiar, aunque las pruebas médicas no revelaban nada concreto. No obstante, una eminencia médica sí dijo a mi pediatra que Weston tenía un grave retraso y

que lo más probable era que, finalmente, hubiera que recluirlo en una institución especializada. Aproximadamente a los 5 años y medio, después de años de tomografías computarizadas, se le hizo un IRM que reveló un quiste en el cerebro que tenía el tamaño de una pera. Se le sometió a una intervención quirúrgica y me creí encaminada hacia la vida que, según imaginaba, tendríamos con él. Poco después de la operación empecé a ver a Weston bajo una luz totalmente nueva.

Durante mucho tiempo creí lo que me habían dicho sobre Weston y sus limitaciones, y todos los especialistas parecían estar de acuerdo sobre ese asunto. Por suerte para nosotros (y es donde la fe hace su aparición), Weston fue visitado por una doctora que dejó a un lado sus ideas preconcebidas sobre él y descubrió su capacidad para leer. Gracias a ella empecé a ver a Weston bajo una nueva luz, y la fe empezó a dominar en mi comunicación con él. Pronto comencé a darme cuenta de que el niño, tal vez, no fuese retrasado, aunque al principio era muy difícil descartar lo que tantos especialistas me habían dicho durante tantos años. Compartí con muy pocas personas mi descubrimiento de sus capacidades que, en aquel entonces, constituían más bien un tema académico. Un año o dos más tarde ya estaba convencida de que eran reales y empecé a ver muchos más dones en Weston, entre ellos, su capacidad para

hablar con los ángeles. Es cierto que muchos de mis amigos han seguido sus consejos sobre diversos asuntos. Uno de mis recuerdos favoritos es de cuando Weston dijo a una amiga qué universidad admitiría a su hijo un año antes de que éste redactara la solicitud, y que lo admitirían de inmediato. Nueve meses más tarde, esto fue lo que sucedió, punto por punto. Ahora ya la mayor parte de nuestros amigos y familiares aceptan el hecho de que Weston puede hablar con ángeles y otros seres divinos, conversar con personas fallecidas, comunicarse por telepatía, ayudar a determinar las necesidades terapéuticas y otras cosas por el estilo.

Lo que hace todo esto aún más asombroso es el hecho de que Weston aún no usa palabras para hablar. Le formulo mis preguntas en una pizarra, de modo que las respuestas puedan ser sí o no, o de opciones múltiples. A veces le pregunto sobre algún tema a lo largo de un período de dos semanas. No deja de asombrarme muchísimo el hecho de que, independientemente de mi modo de formular las preguntas, siempre me responde lo mismo. Creo que llegará el día en que Weston hable, pero ha sido mi fe la que me ha permitido aceptarlo tal y como es: un chico maravillosamente enigmático.

LINDSAY MOORE

Tengo 19 años y estudio en Agnes Scott College. Me esfuerzo por convertir en profesión mi pasión por el teatro, doy amor a todas las personas con quienes entro en contacto y trato de vivir la vida de modo que cada uno de los instantes sea la más completa de las lecciones que aprender.

Nací el 8 de febrero de 1988, a las 2:41 de la tarde. Mis padres son Christy Jenkins Moore y Ronald Dean Moore. A quienes los veían juntos, tenían la impresión de tratarse de

una pareja bastante extra-
ña, pero los elegí y ellos
me aceptaron. En reali-
dad, mi madre no había
conocido a mi padre en
una vida anterior. En
cuanto a mi padre, de no
ser por mi necesidad de
entrar en este mundo, no
creo que hubiera conocido
a mi madre. Yo conocía a
ambos desde hacía mucho
tiempo, de modo que me pareció adecuado que fuesen ellos
los que me dieran el ser. Su matrimonio no duró mucho
tiempo después de mi nacimiento. Mi único recuerdo de su
relación, que es también mi primer recuerdo, es estar en la
cama, acurrucada entre ellos dos, mi padre a la izquierda, mi
madre a la derecha, y yo en el medio, cálida y confortable.
No soy de esos hijos que desean que sus padres vuelvan a
juntarse… no estaban destinados el uno para el otro; sólo
estaban destinados para mí.

Así que mi infancia estuvo dominada por los incidentes.
A los 5 años decidí cortarme el pelo y llamarme Scott. Básicamente, lo que quería era ser un chico. Mis padres y hermanos aceptaron. Esta fase duró unos tres meses, y entonces
decidí ser un marimacho y vivir la vida a mi manera. Mi
hermana, que me lleva 25 años, se convirtió en mi segunda
madre, y mis dos hermanos filmaron la mayor parte de mi
infancia. Todos los momentos embarazosos que no puedo
recordar están en los vídeos, pero de esto me alegro, porque
las extrañas vestimentas y los raros peinados también han
quedado atrapados en el tiempo. Quien mire estos vídeos
podría pensar que yo no era más que una criatura corriente,
que se divierte con juguetes, se baña en una palangana y

canta «OldMcDonald» hasta que la cara se le pone azul. Más tarde, a los 12 años, supe que no era una niña «normal». Poseía dones y se suponía que haría uso de ellos. En el sexto grado, después de que mi madre pasara las vacaciones en Bali mientras yo estaba en un campamento, decidió que nos mudábamos a las montañas para abrir allí una tienda de libros metafísicos y de objetos de regalo. (Por suerte para mí, tuve una madre que me apoyó cuando llegaron esos momentos cruciales en mi vida.) Yo estaba corriendo por una pista en la escuela privada donde estaba estudiando. Sólo tenía 12 años, y fue entonces cuando decidí empezar a ser vidente. No estoy segura en cuanto a qué había motivado esta decisión. Simplemente dejé de correr, miré los campos vacíos, y dije en voz alta: «Estoy lista». A partir de ese momento, mi vida ya no fue la misma. Al principio sólo veía pequeñas criaturas de los bosques, con alas, que bailaban alrededor de nuestra casa. Esto duró meses. Les hablaba y ellos me contaban maravillosas historias sobre sus aventuras en nuestro patio trasero, pero yo sabía que esto no iba a durar mucho tiempo. Sabía que ellos tan sólo me preparaban para el próximo paso.

Un año más tarde, después de ver sólo luces y duendes, una noche, mientras estaba acostada viendo la televisión, escuché una especie de golpe en mi ventana. Abrí la ventana y vi a uno de los duendes. Mientras revoloteaba con gran excitación, señalaba algo que estaba dentro del cuarto. Me volví y vi a un hombre sentado en el asiento frente a mi ordenador. Estaba repantigado con negligencia y en su cara había una amplia sonrisa; no sé cómo no me dio un ataque. La mayoría de las personas se hubieran asustado un poco al darse la vuelta y ver a un hombre desconocido, con aspecto de pistolero de la década de 1920, sentado en su habitación. Sin embargo, tenía un rostro familiar y amistoso, de alguien conocido desde siempre. Perdí la noción del tiempo, pero, al parecer, durante horas, estuvimos sentados así, uno frente al otro, sin hablar. Por último, rompí el silencio: «Eres Charlie, ¿no es cierto?». La figura asintió con la cabeza y sonrió. Entonces conversamos durante mucho tiempo sin que ninguno de nosotros pronunciara una sola palabra, porque habíamos conectado. Era mi protector. Cuando nací, él estaba presente. Hablamos sobre vidas pasadas y lecciones para el futuro. Entonces empecé a hacerle preguntas sobre mi capacidad. ¿Por qué yo podía verlo y otros chicos no? Me respondió simplemente que era mi don. Todas las personas poseen esas capacidades, sólo que no las han descubierto. Yo lo hice, y soy lo que soy.

NATHAN

Nathan es vivaz, enérgico y le gusta hacer reír a las personas. Disfruta jugando con sus amiguitos y le gusta jugar a la Guerra de las Galaxias en la PlayStation^{tm} de su papá. También le encanta reunir cosas y espera poder jugar a «ese juego con el palo y las pelotas» cuando comience la temporada del béisbol. Entre sus pasatiempos favoritos está coleccionar cristales, y se siente atraído en especial por la amatista, el cuarzo y la hematita.

Nathan posee una aguda percepción consciente de la energía, tanto en su interior como en lo que le rodea. Al parecer, da muestras también de un talento de autosanación. Un abrazo, un baño tibio o un buen descanso en una acogedora butaca es todo cuanto necesita para reponerse de casi cualquier dolencia.

Nathan posiblemente se comunica con sus guías (o quizás posee el don de comunicación telepática), aunque no es capaz de verbalizar esta experiencia. El año pasado, durante las clases de matemáticas de su hermana, tuvieron lugar varias ocasiones que lo demuestran. Sucedió de la siguiente manera:

Mamá: Está bien, Rhianna, vamos a hacer algunos ejercicios de matemáticas. ¿Cuánto es 9 + 8?

Rhianna: Uh, 9 + 8, ¿no son 17?

Mamá: ¡Magnífico! ¿Cuánto es 24 – 8?

Rhianna: 24 – 8. 24 – 8.

Nathan: ¡16! (Sonrisa de oreja a oreja).

Mamá: ¡Magnífico, Nathan! ¡Es correcto! Ahora, Rhianna: ¿10 -2?

Nathan: ¡8! (Risotadas).

Rhianna: Nathan, ¡basta ya!

Mamá: Está bien, Nathan, ¡dale ahora una oportunidad a Rhianna!

RHIANNA

Rhianna es una niña de 8 años, extrovertida y compasiva. Disfruta ayudando a otros y le gusta enseñar lo que sabe al mundo entero. Cuidar a los animales y la Tierra es muy importante para ella. Le encanta también tocar la guitarra y cantar. Uno de sus objetivos es llegar a ser cantante y compositora de canciones y tener su propio grupo. Entre los dones espirituales de Rhianna se encuentra su capacidad de ver auras y fantasmas.

Una experiencia que motivó un cambio en Rhianna sucedió un par de días antes de esta entrevista; a lo largo de varias noches seguidas la visitó un individuo de aspecto bastante atemorizador. Llevaba vaqueros con cinturón, pero sin camisa; su piel era gris, y su cara era como si la hubieran pintado de negro. Todo su cuerpo, hasta el cuello, estaba lleno de tatuajes. (¡No es 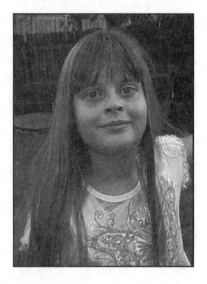 un espectáculo muy agradable cuando una está sola en su habitación!) Al principio, Rhianna no estaba muy segura de si hablar o no a este espíritu, así que pidió ayuda a su mamá. Mientras su mamá hablaba en voz alta al espíritu y Rhianna le decía sus respuestas, pudieron averiguar que este hombre había muerto hace casi treinta años y que necesitaba ayuda. Tenía miedo de ir al cielo porque temía que Dios lo acusara de la muerte de su hermana. Después de explicarle que Dios no era vengativo y que su hermana lo esperaba en el más allá, empezó a ver una luz. Al concentrarse en la luz, pudo ver a su hermana. Cuando le habló, la luz aumentó su tamaño lo suficiente para que el hombre pasara a través de ella. Antes de irse, dio las gracias a Rhianna. De inmediato, Rhianna tuvo un sentimiento de pérdida, pero sabía que había hecho un enorme favor a este espíritu. Al recordar el suceso, se dio cuenta también de que el espíritu tenía mejor aspecto justo antes de dirigirse hacia la luz: parecía más sano, llevaba una camisa y su rostro era normal. Esta experiencia la hizo sentir un nuevo respeto hacia los fantasmas. Sigue temerosa en cuanto a ver fantasmas en otros lugares y no sólo en casa, pero siente que con tiempo le gustará más brindar su ayuda a los espíritus perdidos para que encuentren el camino al cielo.

2

¿Dónde vivías?
No en Galesburg, en algún otro lugar… China.
¿China?
Sí, China.
¿Trabajabas?
Tenía una caja de herramientas,
parecida a una que tengo ahora.
Todas esas herramientas.
NUNCA perdí ninguna herramienta.
¡Nunca perdí ninguna herramienta!

Eric, nació el 16 de diciembre de 1996.

Elegir la vida ahora
y en el pasado

¿De dónde venimos? ¿Cómo miramos desde el cielo y elegimos el momento de venir y lo que seríamos? ¿Nos impulsó una enorme mano y percibimos una voz que nos decía: «¡Tú! ¡Ve allá!»? ¿O simplemente cobramos el ser? ¿Nos materializamos al nacer?

Por doquier, independientemente de que se trate de niños cristal, de las estrellas o de niños índigo, los Niños de Ahora recuerdan sus vidas pasadas y, con frecuencia, cómo se prepararon y decidieron venir a este mundo.

Muchos de los niños con quienes conversé recuerdan escoger a sus padres y enfrentarse a los retos que representaría la unidad familiar. Algunos de los niños, sabedores de que en esta vida serían diferentes, eligen a padres capaces y deseosos de brindar los cuidados que estas diferencias requieren. Los niños recuerdan no sólo el proceso de la selección, sino también la encarnación y el nacimiento. Por lo general, estos recuerdos se pierden a la edad de 6 o 7 años, pero no siempre.

Los niños suelen hablar de sus vidas anteriores. Los detalles son, con frecuencia, asombrosos y, en ocasiones, cuando se investigan, resultan verdaderos. En *Los Niños de Ahora,* me referí a un niño pequeño que había dicho a su padre que necesitaba hablar chino. No es que no lo supiera ya, sólo precisaba ayuda para recordarlo. Tenía 6 años. Se acordaba de tantos detalles que sus padres investigaron en la historia de China y fueron capaces de identificar realmente quién había sido el niño.

Para los propósitos de este libro, decidí preguntar a los propios niños sobre aquello que recordaban. Mientras me respondían, lo que me fascinaba más era cómo ellos afirmaban sus diversas categorías según lo que podían recordar. En particular, los niños de las estrellas hablaron con frecuencia sobre recuerdos de planetas lejanos y galaxias muy distantes. No son ideas extravagantes. Estos tipos de recuerdos suelen ocurrir en todas partes.

Un excelente ejemplo de la memoria que los niños de las estrellas conservan sobre su vida anterior se encuentra en un artículo publicado en *Pravda,* servicio de noticias ruso online. Con el permiso de *Pravda*, he aquí la historia completa. Podéis encontrarla también en *http://english.pravda.ru/science/19/94/377/12257_Martian.html.*

BORISKA, UN NIÑO DE MARTE
12 DE MARZO DE 2004

A veces, algunos niños nacen con talentos fascinantes y capacidades inusuales. Miembros de una expedición a una zona anómala situada en la parte norte de la región de Volgogrado, más conocida como Medvedetskaya gryada, me explicaron la historia de un niño fuera de lo común llamado Boriska.

—¿Podéis imaginaros que un niño pequeño (de alrededor de 7 años), por la noche, mientras todos estábamos sentados alrededor de una fogata, de repente pidió que todos le prestáramos atención? Resultó que deseaba explicarnos cosas sobre la vida en Marte, sobre los habitantes de ese planeta y sus vuelos a la Tierra –explica uno de los testigos.

Siguió un gran silencio. ¡Era increíble! El niño, de ojos inmensos y vivos, estaba a punto de relatarnos una magnífica historia sobre la civilización marciana, sobre ciudades megalíticas, sobre sus naves espaciales y vuelos hacia diversos planetas, y sobre un maravilloso país llamado Lemuria donde tenía amigos y cuya vida conocía con lujo de detalles, ya que había descendido allí al venir desde Marte.

Trozos de leña crujían en la fogata, la niebla nocturna envolvía el área y un inmenso y oscuro cielo con miríadas de brillantes estrellas parecía ocultar algún misterio. La historia duró alrededor de una hora y media. Uno de nosotros tuvo la ocurrencia de grabar toda la narración.

Muchos nos quedamos estupefactos ante dos factores bien definidos. Ante todo, el chico poseía unos conocimientos profundos hasta lo excepcional. Era obvio que su intelecto iba mucho más allá del de un niño de 7 años. No cualquier profesor es capaz de narrar la historia de Lemuria y sus habitantes, los lemurios, con tanto lujo de detalles. Nadie jamás podría encontrar siquiera una mención de este país en los libros de texto escolares. La ciencia moderna aún no ha confirmado la existencia de otras civilizaciones. Todos sentimos asombro ante el certero lenguaje de este niño. Distaba mucho del que suelen usar los niños de su edad. Su conocimiento de la terminología específica, detalles y hechos del pasado de ambos planetas, Marte y la Tierra, fascinaron a todos.

—En primer lugar –dijo mi interlocutor–, ¿por qué inició la conversación? Tal vez simplemente estuviera impresionado por la atmósfera de nuestro campamento, con muchas personas de gran cultura y mente abierta –continuó–. ¿Pudo haberlo inventado todo?

—Lo dudo —repuso mi amigo—. Me parece más bien que el niño estaba compartiendo recuerdos personales de sus vidas pasadas. Es prácticamente imposible inventar tales historias; en realidad, uno tiene que conocerlas.

Hoy, después de reunirme con los padres de Boriska y conocer mejor al niño, he empezado a clasificar cuidadosamente toda la información que obtuve junto a aquella fogata de campamento. El niño había nacido en Volzhskii, en un hospital suburbano, aunque oficialmente, según los papeles, su lugar de nacimiento es la ciudad de Zhirnovsk en la región de Volvogrado. Nació el 11 de enero de 1996. (Quizás esto sea útil para los astrólogos.) Sus padres parecen personas maravillosas. La madre, Nadiezhda, es dermatóloga en una clínica pública. Se graduó en el Instituto de Medicina de Volgogrado no hace tanto tiempo: en 1991. El padre del niño es un oficial retirado. Ambos serían felices si alguien vertiera luz sobre el misterio de su hijo. Mientras tanto, simplemente lo miran y lo observan crecer.

—Cuando Boriska nació, a los 15 días me di cuenta de que ya podía sostener la cabecita —recuerda Nadiezhda—. Pronunció su primera palabra, *baba,* cuando tenía 4 meses y, muy poco tiempo después, empezó a hablar. A los 7 meses articuló su primera oración: «Quiero un clavo». Dijo esta frase en particular al ver un clavo en una pared. Lo más notable es que sus capacidades intelectuales sobrepasaban las físicas.

—¿Cómo se manifestaban estas capacidades?

—Cuando Boris tenía sólo un año, empecé a darle letras (basándome en el sistema Nikitin). Y, ¿sabe qué? Fue capaz de leer grandes letras en un periódico. No le llevó mucho tiempo aprender los colores y sus matices. Empezó a pintar a los 2 años. Entonces, poco después de cumplir 2 años, lo llevamos a un centro diurno de cuidados para niños. Todas las maestras se quedaron absortas ante su talento y su inusual manera de pensar. El chico tiene una memoria excepcional y una increíble capacidad para captar nueva información. En todo caso, nosotros, sus padres, advertimos muy pronto que el niño había adquirido información de otra fuente y a su propia y única manera.

—Nadie nunca se lo enseñó –recuerda Nadya–. Pero a veces se sentaba en la posición del loto y comenzaba a hablar de todas esas cosas. Hablaba sobre Marte, sobre sistemas planetarios, civilizaciones distantes… No podíamos dar crédito a nuestros propios oídos. ¿Cómo un niño podía saber todas esas cosas? El cosmos, las inacabables historias de otros mundos y los inmensos cielos eran para él mantras diarios desde que tuvo 2 años. Fue entonces cuando Boriska nos contó su vida anterior en Marte, que el planeta, de hecho, tenía habitantes, pero a consecuencia de una poderosa y destructiva catástrofe había perdido la atmósfera y los habitantes tuvieron que irse a vivir a ciudades subterráneas. Ya entonces, él solía volar a la Tierra con bastante frecuencia por asuntos de negocios y de investigaciones. Al parecer, Boriska pilotaba él mismo su nave espacial. Esto fue en los tiempos de las civilizaciones lemurias. Tuvo un amigo lemurio que pereció ante sus ojos.

—Una enorme catástrofe ocurrió en la Tierra. Un continente gigantesco fue tragado por las olas del tormentoso mar. Entonces, de repente, una enorme roca se desplomó sobre una edificación. Mi amigo estaba allí –cuenta Boriska–. No pude salvarlo. Nuestro destino es encontrarnos en algún momento en esta vida.

El chico ve todo el cuadro de la desaparición de Lemuria como si hubiera ocurrido ayer. Siente el dolor de la muerte de su mejor amigo como si hubiera ocurrido por su culpa.

Un día, vio en el bolso de su madre un libro titulado *¿De dónde venimos?*, de Ernst Muldashev. Habría que ver la cara de felicidad y la fascinación que este descubrimiento provocó en el niño. Estuvo ojeando el libro durante horas, contemplando dibujos de lemurios y fotos del Tíbet. Entonces comenzó a hablar sobre el intelecto superior de los lemurios. Pero Lemuria dejó de existir hace 800.000 años como mínimo. ¡Los lemurios medían 9 metros! ¿Es esto cierto? ¿Cómo podía recordarlo todo?

—Sí que lo recuerdo –respondió el niño.

Más tarde, se acordó de otro libro escrito por Muldashev, *En busca de la ciudad de Dios*. Este libro describe principalmente sepulcros antiguos y pirámides. Boriska afirmó con plena seguridad que las personas hallarán sabiduría debajo de una de las pirámides (no la de Keops). Todavía está por descubrir.

—La vida cambiará cuando la esfinge se abra –dijo, y añadió que la Gran Esfinge posee un mecanismo de apertura en algún lugar detrás de una oreja (pero no recuerda bien dónde exactamente). El chico habla también con gran pasión y entusiasmo sobre la civilización maya. En su opinión, conocemos muy poco sobre esta gran civilización y su pueblo. Lo más interesante es que Boriska piensa que hoy en día ya ha llegado el momento para que «los especiales» nazcan en la Tierra. El renacer del planeta se acerca. Un nuevo conocimiento va a tener gran demanda, una nueva mentalidad de los terrícolas.

—¿Cómo es que conoces la existencia de estos niños dotados y por qué ocurre esto? ¿Sabes que los llaman niños índigo?

—Sé que nacen. Pero en mi ciudad todavía no he encontrado a ninguno. Aunque a lo mejor esa chica, que se llama Yulia Petrova. Ella es la única que me cree. Otros sólo se ríen de mis historias. Algo va a suceder en la Tierra; por este motivo estos chicos son tan importantes. Serán capaces de ayudar a la gente. Los polos se van a desplazar. La primera gran catástrofe en uno de los continentes se va a producir en 2009. La siguiente ocurrirá en 2013; será aun más devastadora.

—¿No te asusta pensar que tu vida puede acabar también como consecuencia de esa catástrofe?

—No. No tengo miedo. Ya he vivido una catástrofe en Marte. Allí todavía hay personas como nosotros. Pero después de la guerra nuclear, todo se quemó. Algunas de estas personas lograron sobrevivir. Construyeron refugios y nuevo armamento. Allí también se produjo un desplazamiento de los continentes, aunque aquél no era tan grande. Los marcianos respiran gas. En caso de que llegaran a nuestro planeta, tendrían que estar todos junto a las tuberías de gas e inhalarlo.

—¿Prefieres respirar oxígeno?

—Una vez que se está en este cuerpo, hay que respirar oxígeno. No obstante, a los marcianos no les gusta este aire, el aire de la Tierra, porque causa envejecimiento. Los marcianos son todos bastante jóvenes; tienen de 30 a 35 años. El número de niños marcianos irá incrementándose año tras año.

—Boriska, ¿por qué nuestras naves espaciales se destruyen antes de llegar a Marte?

—Marte trasmite señales especiales a fin de destruirlas. Estas estaciones contienen radiaciones dañinas.

Me asombró su conocimiento de este tipo de radiación «Fobos».

Esto es absolutamente cierto. En 1988, un residente de Volzhsky, Yuri Lushnichenko, un hombre de poderes extrasensoriales, intentó advertir a los líderes soviéticos sobre la inevitable destrucción de las primeras naves espaciales soviéticas *Fobos-1* y *Fobos-2*. Mencionó también esta clase de radiación planetaria «desconocida» y perjudicial. Desde luego, nadie entonces le creyó.

—¿Qué sabes sobre dimensiones múltiples? ¿Sabes que es posible volar no por una trayectoria recta, sino maniobrando a través del espacio multidimensional?

De inmediato, Boriska se puso de pie y comenzó a dar todos los datos sobre los OVNI.

—¡Despegamos y llegamos a la Tierra casi instantáneamente!

El chico tomó una tiza y comenzó a dibujar en una pizarra un objeto de forma oval.

—Consiste en seis capas –dijo–. El 25 % es la capa exterior, constituida por un metal duradero. El 30 % es la segunda capa, y consta de algo parecido a caucho; la tercera capa se compone de metal en un 30 %; el último 4 % se compone de una capa magnética especial. Si cargamos esta capa magnética de energía, estas máquinas son capaces de volar a cualquier parte del universo.

¿Tiene que cumplir Boriska alguna misión especial? ¿Es consciente de ella? Planteo estos interrogantes tanto a los padres como al propio chico.

—Dice que lo sospecha –responde la madre–. Asegura saber algo sobre el futuro de la Tierra. Según él, la información va a desempeñar en el futuro el papel más significativo.

—Boris, ¿conoces todo esto?

—Está dentro de mí.

—Boris, dime por qué la gente enferma.

—La enfermedad proviene de la incapacidad de las personas para vivir adecuadamente y ser felices. Uno debe esperar por su mitad cósmica. Uno no debe nunca involucrarse y mezclarse con los destinos de otras personas. Las personas no deben sufrir a causa de errores pasados, sino estar en contacto con lo que les está predestinado y tratar de alcanzar esas alturas e intentar conquistar sus sueños.

Hay que ser más compasivo y afectuoso. En caso de que alguien te golpee, abraza a tu enemigo, pídele perdón y arrodíllate ante él. Si alguien te odia, ámalo con toda tu alma y devoción y pídele perdón. Éstas son las reglas de amor y humildad. ¿Sabe por qué murieron los lemurios? Yo también tengo mi parte de culpa. Ya no quisieron seguir desarrollándose espiritualmente. Se apartaron del sendero predestinado, y así destruyeron el todo único de este planeta. El Sendero Mágico conduce a un callejón sin salida. ¡El amor es la magia verdadera!

—¿¿¿Cómo sabes todo esto???

—Lo sé… Kailis…

—¿Qué has dicho?

—He dicho: ¡Hola! Es el idioma de mi planeta.

—Gennady Belimov «NGN».

Boriska es, obviamente, un niño de las estrellas. Cuando leáis las historias siguientes, os resultará evidente quiénes son los niños de las estrellas. De hecho, los niños pertenecientes a cada uno de los grupos son identificables según aquello que son capaces de recordar. Estos hilos constituyen parte de la razón por la cual hacerlo resulta tan fácil, aunque, con frecuencia, entre diversos grupos, existen rasgos que se sobreponen.

He aquí la serie de preguntas que hice a cada uno de los niños.

P: ¿Cómo se entra en esta vida? ¿Es realmente una elección? ¿Recuerdas cuándo decidiste venir? ¿Cómo fue? ¿Recuerdas de dónde has venido? ¿Recuerdas las otras vidas o incluso la fuente de todo lo que es vida?

Éstas son sus respuestas:

Grandma Chandra: Fue muy difícil, porque sabía que iba a ser discapacitada.

P: ¿Fue realmente una elección?

Grandma Chandra: Sí, para mí fue una elección. Sabía que tenía que hacer «la Obra».

P: ¿Recuerdas *cuándo* decidiste venir?

Grandma Chandra: Sí, lo decidí cuando mi madre y yo estábamos en Maldek antes de que se destruyera y se convirtiera en un cinturón de asteroides.

P: ¿Cómo fue?

Grandma Chandra: Fue, digo de nuevo, muy difícil, porque sabía que no podría usar mi cuerpo en 3-D. Permanecí junto a mis padres durante 10 años antes de decidirme a venir (renacer) porque sabía que mi padre moriría y que mi madre tendría que criarme sola.

P: ¿Recuerdas de dónde has venido? ¿Tu fuente?

Grandma Chandra: Sí, pero no puedo decírselo a nadie.

P: ¿Y las otras vidas que tuviste?

Grandma Chandra: Todos hemos tenido millones de vidas. La más reciente vida terrestre que tuve fue en Lemuria.

P: ¿Recuerdas la fuente de la vida?

Grandma Chandra: Sí, recuerdo mi surgimiento de la fuente de todo lo que es vida.

P: ¿Y tú, Jude?

Jude: ¡Difícil! Ésta es la primera palabra que me vino a la mente. Miro alrededor y veo a personas que se hacen la cirugía plástica y no sé cuántas otras cosas, y esto, me dice el corazón, que nada tiene que ver con la razón por la que estamos aquí. Hay mucho materialismo en este mundo, y esto no tiene sentido ni es la razón por la que estamos aquí.

A veces miro lo que me rodea y veo a gente que pasa en sus automóviles. Y pienso en mi interior que todas estas personas, cada uno de ellos, tiene una familia y un lugar adonde ir. Todos van con mucha rapidez y sin ver lo que está frente a sus ojos.

Veo que estamos destruyendo la Tierra, la Madre que nos da vida, y luego pienso en lo que puedo hacer para convertirla en un lugar mejor. Es entonces cuando empieza lo difícil. Es muy difícil enviar un mensaje, incluso con todos los medios de información y todos los canales que existen. Es tan difícil que te reconozcan cuando tienes que expresar una verdad. Esto es lo difícil.

P: ¿Recuerdas que venir aquí fue una elección?

Jude: Francamente, sé que venir aquí, regresar y volver una y otra vez es una elección. Lo veo como una fila de almas que esperan en un espacio para convertirse en seres humanos. Hay tantos deseosos de venir aquí que forman una larga fila, aunque aquí ya hay miles de millones de personas.

No me acuerdo de cómo elegí venir aquí, aunque cada día veo más razones que me indujeron a ello. En busca de respuestas, he contactado con una mística de fama internacional. Fue ella quien me ayudó a comprender que había elegido venir. En una lectura reciente me dijo que mi alma es muy antigua, anterior a la existencia de la Tierra, y que elegí venir aquí para traer mensajes intergalácticos a las masas. Ésta fue la confirmación que yo necesitaba escuchar, porque lo sabía desde el principio.

Hubo un incidente que me estremeció el alma. Sucedió cuando tenía 19 años y fue una experiencia extracorporal. Fallecí y regresé. Después de esta experiencia supe que había elegido venir aquí para nacer y regresar a través de la muerte. Existía una razón para mi existencia. Simplemente tuve que encontrarla, buscarla a partir de entonces en cada bocanada de aire que inspiraba.

P: Y en cuanto a la fuente, de dónde provienes desde el principio, ¿la recuerdas?

Jude: Sé que la energía de mi alma no proviene del plano terrestre. Hace poco estuve investigando para averiguar dónde se originó la energía de mi alma. Sé que, obviamente, el punto de partida donde todo se origina es el pensamiento del Creador, pero también sé que en cuanto a esto hay más de lo que por el momento pueda comprender.

El lugar donde se originó la energía de mi alma ya existía antes del surgimiento de la Tierra e incluso de este sistema solar. Esto es todo cuanto sé por ahora, aunque sigo investigando y seguiré haciéndolo hasta que logre saberlo. Desde el momento en que regresé a esta vida después de mi experiencia de la muerte, empecé a desenredar el largo cordón de las migraciones de mi alma. También he adquirido la perspectiva de las paradojas supremas de la vida. La mayor es la del tiempo y el espacio.

P: ¿Y las vidas anteriores? ¿Qué recuerdas de ellas?

Jude: Ahora sé que todas las vidas anteriores ocurren al mismo tiempo, en dimensiones cuyas frecuencias son ligeramente superiores o inferiores. Se asemejan a esta Tierra de AHORA, aunque crecen sin cesar en su propio tiempo y fuera de él, y de ahí la paradoja. Cuando pude comprender esto, me di cuenta de que podría usar las capacidades y los talentos de mis vidas pasadas y futuras en el AHORA. Fue entonces cuando empecé a despertarme de verdad y a realinear el propósito de mi alma y mi vida en la encarnación actual.

P: ¿Y tú, Weston? Cuéntanos tu experiencia de venir acá.

Weston: Me sentí contento al venir. Al llegar a la Tierra comprendí enseguida que no siempre tendría que estar aquí en mi cuerpo, que podía abandonarlo cada vez que quisiera y viajar sin él, y así lo hago en muchísimas ocasiones. Esto hace la vida más soportable para el ser humano. La consciencia es un campo infinito de energía y tener que mantenerlo siempre dentro de los límites de un cuerpo humano no es nada divertido. Cuando estoy dentro de mi cuerpo soy muy sensible, porque mi energía es muy grande. Por eso no me gusta usar ropa ni calzado.

P: ¿Has tenido otras vidas? ¿Puedes recordarlas?

Weston: He tenido muchísimas vidas, la mayoría de ellas intergalácticas. Todavía sigo reuniéndome con mis amigos «allí fuera». Algunas veces incluso ellos vienen acá, al plano terrestre, y visitamos a otras personas capaces de vernos.

P: ¿Hubo alguna otra vida que destaque por encima de las demás?

Weston: Mi experiencia más significativa fue en la Atlántida, donde desempeñé un papel muy importante en el mantenimiento del equilibrio de la red cristalina. Todo nuestro sistema de redes se basaba en lo que hoy llamáis líneas ley[2] de la Tierra. Podíamos crear el poder de energía y enviarlo adonde quisiéramos. Fue así como manteníamos el equilibrio del planeta. Nuestros campos de energía también influían en las condiciones metereológicas. Podíamos predecir y variar las condiciones metereológicas a partir de la actividad sobre la red. Este campo de

---

2. Se las conoce también como líneas de luz, líneas espirituales o líneas de energía (*N. de la T.*)

energía era un organismo vivo exactamente igual que cualquier otro. Se mantenía según las necesidades de la Tierra, equilibrando, igualando y reduciendo al mínimo fenómenos tales como los terremotos. Existen lugares sobre la Tierra donde se libera gran cantidad de energía. Esta energía es electromagnética, del mismo modo que lo es la energía humana. Gracias a esto éramos capaces de mantenernos en contacto intuitivo con la Tierra y su vida a la par que con la nuestra. Era una situación mutua.

Había otras personas en la Atlántida que descubrieron que el poder que manteníamos controlado se podría utilizar con fines egoístas, para producir armas capaces de herir a otras personas y crear un desequilibrio en la red, de modo que algunas personas tuvieran de todo y otras, nada.

Por esta razón, retiré una pequeña llave cristalina que era vital para operar en la red energética. Sin esta llave, nadie podría alterar el equilibrio o la dirección del campo de energía. Por último, un hombre que se llamaba Lian logró restaurar la red hasta alcanzar su pleno poder. Empeñado en convertirse en el hombre más poderoso, emprendió el golpe. Se produjo un combate en la cámara del generador principal, y una de las fuentes principales perdió su armonía con las otras. El campo magnético se hizo trizas. Esto creó inestabilidad en la red terrestre, la cual, en última instancia, provocó una enorme actividad sísmica y la pérdida de nuestra civilización. Muchos de nosotros estábamos fuera, en expediciones, y sobrevivimos al desastre. Algunos partieron hacia el lugar que hoy se llama Polinesia. Otros se dirigieron a lo que es ahora el helado polo Sur. En aquel entonces no era un lugar tan frío. Hubo quien fue a parar a lo que es ahora Egipto. Al principio, la gente en el antiguo Egipto era primitiva, pero les enseñamos nuestras tecnologías y empezaron a florecer. Por desgracia, la avaricia hizo de nuevo acto de aparición, y las tecnologías se convirtieron en misterios para la mayoría, sólo conocidas por unos pocos que las utilizaban para ejercer control sobre la gente. Con el paso del tiempo, las tecnologías se diluyeron para convertirse en leyendas, y nos convertimos en deidades a quienes se adoraba en vez de las personas amorosas que en realidad éramos.

He tenido también otras vidas, pero la más importante es la que tengo ahora. Lo que pasó, pasó.

P: ¿Y tu fuente, Weston? ¿De dónde viniste en un principio?

Weston: Claro que recuerdo la fuente. Todavía voy allá a veces, cuando siento necesidad de que se me equilibre. Es un enorme campo de luz y energía donde uno lo es todo y a la vez nada. No existe ningún sentimiento especial, sólo deslumbramiento. Uno es consciente de todo a la vez, es omnisapiente, y, al mismo tiempo, conscientemente perceptivo de sí mismo. Este campo de luz es el punto de partida para todas las formas de vida y realidades. Es también allá donde todas las formas de vida regresan en última instancia.

P: Tristan, ¿qué es lo que recuerdas de esta llegada al planeta Tierra?

Tristan: No quería venir a la Tierra porque recordaba muchas de mis vidas anteriores, que no eran nada buenas. Dios y yo conversamos (en nuestras mentes) durante mucho tiempo. Le dije a Dios que no deseaba volver a experimentar tanto dolor y tristeza. Dios me dijo que era importante para mí volver a la Tierra porque necesitaba enseñar a las personas cómo amar de nuevo, ya que tantos lo habían olvidado.

P: ¿Qué recuerdas de cómo elegiste a tu familia?

Tristan: Me acuerdo que estaba con Dios, Jesús y mis espíritus guías eligiendo a mis futuros padres terrenales. Elegimos a mi mamá y a mi papá, y me dijeron que me cuidarían bien. Para venir a la Tierra viajé a través de un tubo oscuro y muy grande.

(Christina recuerda que estaba en su cuerpo sutil mientras leía el Libro de la Vida para elegir su viaje.)

Christina: Lo que recuerdo realmente es estar en un espacio enorme, con lo que parecía como nubes de un color rosa brillante y naranja, y había un libro que podía ojear para elegir la vida que deseaba tener.

P: ¿Tenías una forma física o alguna otra?
Christina: No sentía tener un cuerpo físico, sino que estaba flotando. No recuerdo qué sucedió después, cuando terminé de buscar en el libro.

P: ¿Existe algún proceso o procedimiento que te ayuda a recordar?
Christina: Cuando medito puedo explorar y recordar más.
Rhianna: Venir a esta vida es una opción. Me acuerdo de cuando decidí venir… Llegué a una enorme boca de túnel de color púrpura y me ví en el vientre de mi mamá; tres días más tarde nací. Esta vida es más fácil; antes yo era una princesa y tenía un caballito. Ahora, no tengo que ir a clases para montar un pony, no tengo que vivir en un palacio ni estar todo el tiempo rodeada de caballeros. ¡Y esos zapatos que tenía que llevar me molestaban mucho!

(Nathan recuerda lo que muchos llaman la Ciudad de Cristal. Allí, todo, incluso la atmósfera, era de una naturaleza como

plateada, reflectante. Más allá de nuestra tercera dimensión, muchos seres son muy altos en comparación con los humanos. Son los detalles como éste los que me dicen que los recuerdos son auténticos.)

Nathan: Me acuerdo de cuando decidí volver a nacer. Mi alma eligió a mamá y a papá e incluso a mi hermana. ¡El cielo era un lugar enorme! Yo tenía una casa plateada con escaleras también plateadas. Era feliz. Todos mis amigos eran grandes como mi papá.

P: ¿Recuerdas algo sobre la vida que tenías antes de ésta?

Nathan: Recuerdo que una vez hubo unos tipos malos y tuve que pelear con ellos. Mi casa fue destruida. En mi casa había esa trampa donde uno se podía perder y no había comida.

P: ¿Y tú, Jasin? ¿De qué te acuerdas?

(Jasin habla de lo que es ser limitado y vivir en un cuerpo humano...)

Jasin: Es duro porque hay que acomodarse en este espacio tan pequeño...

P: ¿Te acuerdas de las otras veces que viviste?

Jasin: Procedo de Luvezorite. Está a una distancia de dos galaxias. Su color es turquesa. Los luves viven allí y vienen a visitarnos para cerciorarse de que nuestro aire está bien. Me acuerdo de que ya estuve aquí antes y que era un velocirraptor. Era entonces amigo de *T. Rex*. Antes de esto fui un pez. También fui un lobo gris. Y antes fui escultor y me llamaba Rodin.

P: ¿Hay alguien de allí que está ahora en tu vida?

Jasin: Mi abuela GG era entonces mi bebé, pero ella no vivió durante tanto tiempo. Fui también un hombre que se llamaba John Luther.

P: ¿Qué estaba sucediendo entonces?

Jasin: Entonces había muchas guerras. Eso no me gustaba. La gente entonces todavía montaba a caballo. Cuando los españoles llegaron a América, hubo muchísimas guerras. Aquella vez morí simplemente de vejez.

P: Joseph, ¿te acuerdas de algo específico?

Joseph: Es muy complejo. No sé en qué otros planetas pude haber nacido, hasta qué punto eran pacíficos ni cómo eran. La vida fuera de aquí es posible. Estoy aquí simplemente porque me han ubicado aquí y no en otro lugar. No puedo decir ni compararlo con nada, así que no sé cómo responder a esto.

P: ¿Es realmente una opción?

Joseph: Quizás. Me gusta estar aquí. Me caen bien mis amigos y todos los demás. Pienso que podría ser un planeta mejor, de esto estoy seguro. Creo que podríamos hacer muchas más cosas con este planeta. En mi opinión, hemos sido muy derrochadores, pero tal vez haya sido una opción. Me gustaría ayudar a este planeta, pero no sé cómo.

P: ¿Recuerdas de dónde provienes? ¿Otras vidas que tuviste o tal vez incluso la fuente de todo lo que es vida?

(Joseph hace referencia a vagos recuerdos de sus vidas anteriores. Estos recuerdos se suelen borrar cuando los niños alcanzan la edad de 6 o 7 años, pero no siempre.)

Joseph: No, no sé, pero hay algunas cosas que visualizo muy bien y que nunca he visto. Pienso que pueden ser diminutas salpicaduras de recuerdos. Quiero decir que es probable que otras vidas sean largas, tal vez más que la que he vivido, aunque sólo pueda rozar la superficie de lo que puedo haber visto. Así que pienso que es como si yo... A veces tengo una fuerte sensación que me dice cómo es esto. No creo siquiera haber visto o sentido ninguna de estas cosas. No creo que hayan ocurrido en este planeta, ya que puedo visualizar un gran agujero negro, y es obvio que jamás estuve en ninguno.

P: ¿Y tú, Scott?

Scott: Sí. Provengo de la isla Montanui. Está al final de esta dimensión. Hay que viajar 125 septillones de millas en la dirección que la gente de la Tierra llaman «oeste». Me acuerdo de cómo vivíamos en Montanui y lo que nos mantenía vivos.

P: ¿Cómo era?

Scott: La gente de Montanui era como seres mecánicos, pero tenía sentimientos exactamente del mismo modo que los humanos, sólo que en vez de sangre tenían una sustancia extraña que fluía por sus cuerpos y se llamaba *protodermis*. La manera de diferenciar si están despiertos o dormidos es una lucecita que destella alrededor del corazón cuando uno está vivo, y que se extingue cuando muere.

P: ¿Has estado en la Tierra alguna otra vez antes?

Scott: Recuerdo dos vidas anteriores en la Tierra. Una es como Cleopatra y la otra como Robin Hood. Además, tuve una vida anterior en la isla de Voyganui, pero no sé cómo describir su forma. Es algo como una Luna creciente extendida, sólo que un extremo es más largo. Yo era entonces Toah-Jovan, el Toah del Magnetismo.

P: Ahn, ¿qué puedes recordar de tu llegada a esta vida, o de los tiempos anteriores?

Ahn: Llegar a esta vida es muy frustrante, interesante, bello y físicamente limitante.

P: ¿Es una opción?

Ahn: Desde luego que es una opción. De hecho, todo es una opción.

P: ¿De dónde has venido?

Ahn: Cuando tenía 10 años, le dije a mi madre que deseaba ser una simple burbuja de intenso amor que flotara en el aire; siento que es de ahí de donde vengo.

P: ¿Qué más recuerdas?

Ahn: Sé también que provengo de Andrómeda. Tuve allí una vida muy importante. He dibujado retratos de mi hermana mayor y de otras almas que conocí allí. Otras vidas anteriores que puedo recordar es como una egipcia en el antiguo Egipto y también como una india nativa que conversaba con árboles. He dejado algunos mensajes para mí misma en el futuro, así que pronto podré también conversar con algunos árboles.

(Gabriel no recuerda casi nada.)

Gabriel: Estoy seguro de que fue una opción y que fue asombroso.

P: Scotty, ¿tienes alguna sensación que indique que has estado aquí antes? ¿Te acuerdas de algunas de tus vidas anteriores? ¿Tienes grandes recuerdos o quizás pequeños destellos?

Scotty: Es de un modo más claro. Mi recuerdo más claro se produjo cuando era pequeño y estaba obsesionado con el *Titanic* y tenía mucho miedo a las grandes embarcaciones y a los enormes barcos. Si fuera por mí, hubiera dormido con una lancha de salvamento. Sólo pensar en estar atrapado debajo de todo aquel acero con todas esas cosas flotando alrededor... Creo que estuve en el *Titanic*. Éste ha sido siempre para mí un asunto muy importante.

Cuando veo columnas de marfil o grandes secuoyas, esto me lleva definitivamente a lo que llamo tiempos de antes, cuando todo se basaba en cosas del alma y era más sencillo que ahora. Sobre todo cuando estoy en un bosque; entonces me fundo por completo con todo.

P: Has tenido también algunos recuerdos sobre Egipto, ¿no es cierto?

Scotty: Sí, deseo ir a Egipto y verlo todo de nuevo, porque fui allí un personaje muy influyente. Creo que fui un gran sacerdote en uno de los principales templos o en el templo de los gatos, porque me siento muy atraído por los gatos. Tengo una gata, y cada vez que está junto a mí, me transporto hacia entonces, al templo con todos los gatos. Eran animales muy sagrados, y si alguien mataba a uno, lo condenaban a la horca. Eran muy sagrados entonces.

Y cuando percibo el olor de hojas de laurel, pienso que estoy en Delfos...

P: ¿De veras?

Scotty: Sí, porque el olor de las hojas de laurel me activa. Necesito escuchar el océano y descender a un lugar subterráneo. Pienso, y casi estoy seguro, que si sintiera el olor a azufre y a hojas de laurel al mismo tiempo, sería tan intenso que podría volver allá.

P: ¿Simplemente te desconectarías de aquí?
Scotty: Sí, eso sería muy intenso.

P: Lindsay, ¿llegar a la Tierra fue para ti una opción?
Lindsay: Creo que fue una opción. Pienso que es un poco difícil recordar cuándo decidí venir. Mi vida anterior se interrumpió de un modo bastante abrupto, así que regresé a los 20 años procedente de mi vida pasada.

P: ¿Recuerdas algo acerca de tomar la decisión o de elegir a tus padres?
Lindsay: Una vez, cuando era más pequeña, a los 7 años, tuve un sueño. Estaba sentada junto a una mesa, con unas figuras; entonces no estaba segura de quiénes eran. Estábamos discutiendo sobre una entrada que debía hacer, y me decían que aún existían algunas opciones. Esto es todo cuanto recuerdo, pero al despertarme tuve una sensación que me hizo creer que ese incidente en realidad había sucedido.

P: ¿Recuerdas de dónde has venido? ¿Otras vidas que has tenido, o incluso, tal vez, la fuente de toda vida?
Lindsay: Cuando tenía 5 años decidí que quería llamarme Scott. Estaba determinada a no responder a ningún otro nombre. Esto duró alrededor de tres meses. Más tarde, en una regresión al pasado, pude recordar esta información, y resultó que era mi nombre en mi vida anterior. Como puede decirte mi madre, fui un marimacho mientras crecía, y lo que más me gustaba era jugar con los chicos a soldados o luchar. Descubrí más tarde que la razón por la

que me atraía tanto la vida militar era que había estado en Vietnam, donde, durante mi segundo período de servicio, morí a causa de un impacto de bala.

Resulta curioso que más tarde elegí a un padre que estuvo también en Vietnam durante dos períodos. La fuente de la vida, como la veo, es cálida y brillante. No es realmente una entidad, y, sin embargo, es igual que si lo fuera. Formamos parte de ella, al igual que ella forma parte de nosotros. Es difícil explicarlo, porque la fuente es más un sentimiento de unicidad y amor que un ser real.

3

Dios nos hizo a mí y a Tanner.
¿Cómo lo sabes?
Porque lo vi.
¿Dónde?
En su lugar.
¿Cuál es su lugar?
Donde hace a las personas.
¿Cuál fue su mensaje para ti? ¿Qué te dijo?
Trabajar para él.
¿Haciendo qué?
Trabajar con su gente.
Oh, ¿de veras? ¿Cuándo vamos a comenzar?
Ya hemos comenzado.

—Erik, nació el 16 de diciembre de 1996.

LA MIGRACIÓN DEL ALMA
POEMA DE JUDE DECOFF
(© JUDE DECOFF, 2007)

Quien lea esto, escucha tu alma,
ahora tienes el poder y la capacidad para crecer.
No estás solo, hay cientos alrededor.
Buscas y buscas, y no encuentras respuestas:
no uses tus ojos para ver la verdad.
Usa tu corazón en unión a tu juventud.
Los niños que nacen AHORA son almas especiales
vinculadas a mucho de lo que se busca.
Escúchalos y fusiona su mensaje con el tuyo.
Cuando la fuerza y la verdad crezcan hasta convertirse
en una espada de doble filo,
la justicia decide lo que es correcto y lo que no lo es,
líderes conducen sin una canción
una pasión, una luz, una chispa en el interior.
Todos poseemos la fuerza de crear y comenzar.
Comienza la migración hacia tu realidad.
Ves cosas con tus ojos, pero sólo tú las ves.
Pronto cada persona creará su propio mundo;
mucho de lo que se enseña viene en remolinos
de energía,
se eleva y cae, intenta cruzar,
hace una pausa, se detiene y entonces cesa.
Se funde con tu propósito y tu poder
para entonces crear tu realidad como una bella flor.

Yo soy…

¿Quiénes somos con respecto a todas las demás personas y cosas? ¿Lo sabemos siquiera? ¿Qué dones hemos traído a nuestro planeta, de los cuales quizás nos hemos olvidado por completo o los hemos perdido de vista?

Al nacer como humanos, cada uno tiene una energía específica, que es únicamente suya. De hecho, nuestras personales combinaciones de armonías son únicas en toda la creación; no hay nadie que sea igual a nosotros. Las energías son, literalmente, conjuntos de frecuencias armónicas. Se podría imaginar a cada una de las personas como infinidad de cuerdas musicales, una virtual sinfonía de energías. Cada una de estas sinfonías *es* uno de nosotros, y en niveles profundos, muy profundos, cada uno lo sabe de manera inherente, pero sin darnos cuenta. Es que no lo recordamos conscientemente.

Nuestros conjuntos energéticos no sólo nos identifican, sino que además nos traen información. El plano detallado de nuestro ser está dentro de nuestros conjuntos energéticos. Al mismo tiempo, las energías se comunican con toda la creación y cuentan al infinito cada detalle de nuestras experiencias. De modo concurrente, nuestros campos energéticos están recibiendo también información que nos guía, en el caso de que estemos escuchando. En otras palabras, lo que hacemos en cada momento de nuestra existencia se comunica de modo infinito hacia el exterior. Y, al mismo tiempo, recibimos en nuestro interior la infinita información que nos puede ayudar a realizar elecciones acertadas en la vida. En cada momento, somos parte integrante de la creación y contribuimos a la realidad del todo. Esto hace que seamos poderosos creadores por derecho propio.

Además de nuestras identidades y capacidades comunicativas, nuestros conjuntos energéticos dictaminan también los tipos de capacidades y la percepción consciente que tenemos en esta vida. Lo que quiero decir es que el modo en que están dispuestos nuestros sistemas energéticos y sus frecuencias vibratorias determinan de muchas maneras las características de nuestros dones. Uno de ellos es la percepción consciente de estar fuera de la realidad tridimensional. Otros pueden ser, aunque no exclusivamente, nuestras capacidades psíquicas, telepáticas, o la posibilidad de ver a otros seres, aparte de los que están en esta realidad. Éstos son sólo algunos ejemplos de lo que la gente llama *dones*. Desde luego, hay más, como uno tan sencillo como ser observadores con otras personas y saber cómo se sienten y lo que quieren decir en realidad. Entre los seres humanos, las posibilidades de poseer dones son tan ilimitadas como lo es nuestra imaginación.

Al nacer, somos conscientemente perceptivos de nuestra pertenencia integral. Podemos ver y sentir la energía. A veces seguimos en contacto con el lugar de donde acabamos de venir. Aún carecemos de identidad como seres individuales; esto lo aprendemos. Las personas nos hablan como si careciéramos de inteligencia. Nos enseñan a sentir miedo. Nos muestran cómo percibir «nuestro lugar» entre otras personas. Como resultado, perdemos nuestro sentimiento del infinito y nos convertimos en seres limitados en lo que se refiere a la percepción consciente. Las puertas de nuestra percepción consciente infinita se cierran.

Cuando crecemos, la experiencia de una buena vida y las percepciones de la responsabilidad hacen que nos tomemos todo demasiado en serio. La vida resulta demasiado seria. Olvidamos la inocencia de lo que somos y de lo que somos capaces. Olvidamos la percepción consciente de que poseemos una infinita base de datos que contiene información que nos es accesible. Cuando somos niños, aún poseemos esta percepción consciente, pero enseguida nuestra mente pensante se convierte en lo más importante.

Utilizamos nuestra mente consciente para explicarlo todo racionalmente, y esto no siempre resulta útil para nuestro mayor potencial. Nuestra mente pensante cierra, de hecho, las puertas a una realidad superior. Cuando empleamos nuestra mente lógica, nuestra percepción consciente superior queda literalmente bloqueada, y las vibraciones de las ondas cerebrales se tornan más bajas.

Me pregunté si los chicos podrían decirme qué energías traen a nuestra Tierra. Sus respuestas me mostraron que sus sentimientos de identidad eran similares entre sí, aunque también poseían diferencias trascendentales. Su claridad era asombrosa.

Las preguntas que planteé a cada uno de los niños fueron éstas:

P: ¿Qué tipo de energía traes a nuestra Tierra? ¿Qué representas y por qué estás aquí? En otras palabras, ¿quién eres (el nombre del niño)? ¿Por qué todos los niños no son como tú?

Grandma Chandra: Traigo el conocimiento y las energías de Lemuria y la Atlántida.

P: ¿¿Quién es Grandma Chandra??

Grandma Chandra: Grandma Chandra es un ser omnidimensional que ha venido a este lugar para despertar al planeta y dirigir a las personas hacia la ascensión. Poseo muchas formas. Algunas son las de delfín, ballena, pájaro o bella mujer.

P: ¿Por qué todos los niños no son como tú?

Grandma Chandra: Esto no está en sus contratos. Todos tenemos uno o varios contratos. Cada uno tiene su propio «trabajo» que hacer.

Jude: La energía que traigo procede de muy lejos. Es la única manera que tengo de describirla, ya que no sé exactamente de dónde viene. Sé que he sido cada organismo en esta Tierra, y que estuve aquí antes de la aparición de la Tierra y de la creación de nuestro Sistema Solar. La energía que traigo es de muy elevada vibración.

¡Se supone que tengo el DDA! Sin embargo, del modo en que yo lo veo, el DDA es en realidad la evolución de la mente humana. Se puede comparar con la placa madre de un ordenador. Existen placas madre nuevas que utilizan un sistema que se conoce como *hyper-pipelining*. Dicho de manera sencilla, es la capacidad que posee el ordenador de enviar información hacia donde sea necesario a velocidades supremas.

¿Qué dicen los médicos y la gente en general sobre los chicos a quienes les diagnostican el DDA? ¡Qué somos «hiper» y nos movemos con exceso de velocidad! La mente humana evoluciona de la misma manera que lo hace nuestra alma y la Tierra. El DDA como yo lo veo se encuentra «en el paso intermedio» hacia la próxima forma del cerebro humano. La causa de que seamos capaces de desempeñar muchas tareas a la vez radica en que usamos mucho más del 10 % de nuestra capacidad cerebral.

El DDA o la estimulación hipercerebral nos proporciona diversos puntos de acceso y una posibilidad mucho mayor de utilizar el cerebro y, en última instancia, el cuerpo, a un nivel superior que nunca antes se ha conseguido.

La energía que traigo a la Tierra viene en forma de comunicación.

P: ¿Puedes darnos algún ejemplo?

Jude: Soy capaz de visualizar y comunicar de modo eficaz visualizaciones positivas que cualquiera puede comprender. Conozco respuestas a las preguntas de las personas antes de que me las hagan.

Otro ejemplo podría ser el programa radial World Puja Web. Los tópicos que los invitados tratan con la doctora Meg y Maureen son los temas sobre los que ya he discutido tres meses antes con mi familia índigo que vive dispersa por el mundo entero y Estados Unidos. Me desplazo con mayor velocidad que la mayoría de las personas. En esta rápida frecuencia de vibraciones y movimiento soy capaz de percibir el futuro. No tengo visiones como tales, más concretamente mis pensamientos provienen de incidentes y tiempos futuros. Es el conocimiento que ya he adquirido; sin embargo, aún no he atrapado el tiempo. Cuando recibo las confirmaciones y las sincronizaciones, es que sé que el tiempo está a la par conmigo.

Por ahora parece que tres meses son el tiempo, ya que los tópicos que para mí son validación y confirmación llegan a mi experiencia terrenal alrededor de tres meses después de haberlos debatido y haber pasado a nuevos pensamientos. No sé cómo llamar a mi energía, pero está en algún lugar entre aquí y allá. Percibo y siento que represento un cambio. Represento movilidad. Soy comunicación transcultural y dimensional. Represento a la humanidad.

P: ¿Cómo explicarías por qué todos los niños no son como tú?

Jude: Decir que otros niños o adultos jóvenes no son como yo es una minimización y una paradoja, ya que soy consciente de que todos somos individuos y, sin embargo, todos somos uno. A partir de esta unicidad se ha formado el individuo y recibimos nuestra faceta para obtener la realidad del alma.

Mi realidad es muy diferente de la de cualquiera, excepto de la del Creador, ya que estoy viviendo por medio de Su realidad; sin embargo, las únicas razones son las experiencias que había tenido en esta vida. He vivido muchas vidas en esta vida. He tenido muchos empleos diferentes; he vivido durante un breve período de tiempo sin hogar; he sido animador; he sido doméstico; he sido el joven, el viejo y el nuevo; he sido acompañante a fin de sobrevivir; fallecí y volví a respirar en esta vida. Vivir múltiples vidas a lo largo de ésta es el principal punto de acceso de mi energía y mis capacidades.

P: ¿Qué quieres decir?

Jude: He experimentado mucho, y de ahí obtengo mi conexión y el poder del Creador y la fuerza que me da: soy el mismo ser que el Creador en la misma medida en que el Creador es el mismo ser que yo y que todos y cada uno en el planeta y más allá. Gracias a estas experiencias aprobé todas mis lecciones. Gracias a las experiencias de la vida, he evolucionado y crecido hasta ser lo que soy AHORA. No me diferencio de otros niños más de lo que ellos se diferencian de mí. Simplemente he tenido experiencias diferentes y aisladas que algún día ellos podrían tener también.

Estoy escribiendo una autobiografía que habla más sobre las experiencias individuales que he tenido, ya que viví cientos de ellas a lo largo de mis 25 años de edad. Son estas experiencias las que hacen de nosotros lo que somos y, en última instancia, son expresiones humanas de la creación.

P: Weston, ¿qué tipo de energía nos traes por medio de tu experiencia?

Weston: Saco a la luz la noción de lo imposible. Lo que quiero decir es que he venido para enseñar a las personas que la realidad es algo mucho mayor de lo que piensan. Al comunicarme con la gente por medio de la telepatía y al crear la percepción consciente de las posibilidades más allá de los simples sentidos humanos, estoy ayudando a las personas a recordar quiénes son más allá de las restricciones del «ser humano». Después de todo, tengo un cuerpo físico que no funciona muy bien, pero en cuanto a mi consciencia, es ilimitada. Me divierte mucho ver la sorpresa en los corazones y los rostros de las personas cuando aparezco sin anunciarme en su percepción consciente.

P: ¿Puedes hacerlo?

Weston: Claro, me es tan fácil como respirar. Puedo proyectar mi consciencia dondequiera que desee.

P: Sé que eres un chico con mucho talento. Explica qué más traes a nuestro mundo.

Weston: Proporciono también a las personas la fe en sus dotes personales, porque cuando descubren que pueden comunicarse conmigo por telepatía y etéreamente, aprenden, sin lugar a dudas, que hay mucho en que creer, mucho en que confiar.

Otra energía que traigo a la Tierra es la de la travesura e inocencia. ¡Tener sentido del humor es útil! Si las personas no pueden reírse de mí o de sí mismas, la vida se les va a hacer muy dura.

El otro motivo por el que estoy aquí es mostrar a la gente que el simple hecho de tener un cuerpo físico que no funcione bien no quiere decir que uno sea menos que los demás. Al ser capaz de hacer todo lo que hago, es decir, establecer contacto con personas por telepatía y ser un instrumento para que sucedan las cosas (todo lo cual es demostrable porque estoy seguro de haber proporcionado a varias personas la misma o similar información), soy un ejemplo perfecto de que en la vida hay cosas mucho más importantes que el aspecto de las personas y lo que ellas piensan que sus cuerpos pueden hacer.

P: ¡Así que por eso lo haces! ¡Estoy empezando a comprender ahora hasta qué punto eres brillante! Pues dime, Weston, ¿por qué otros niños no son como tú?

Weston: Todos los niños no son como yo porque entonces existiría demasiado desplazamiento de la realidad como para que la gente lo pudiera soportar.

(¡Éste sí que fue franco!)

P: Tristan, Peter, ¿qué me decís?

Tristan: Mi energía es muy ligera y amorosa. No sé por qué los demás niños no son como yo. Tal vez vean demasiada televisión.

Peter: Mi energía es una energía del Creador, quien desea arreglar todas las cosas en la vida.

P: Christina, ¿cuál es tu sentimiento en cuanto a lo que traes a la Tierra?

Christina: Pienso que soy alguien que ha elegido esta vida para aumentar las vibraciones de otros a fin de que puedan hacer lo mismo. Creo también que debo trabajar con niños. Pienso que otros niños no son como nosotros porque mostraron que eran especiales y sus padres les dijeron que esto era malo o los castigaron porque los creían posesos, y así han aprendido a rechazar esta parte de sí mismos.

Rhianna: ¡Traigo al mundo alta energía! ¡He venido a empezar una nueva vida, a aprender sobre tecnología y a divertirme! Otros niños no son como yo porque mi aura es diferente.

(Jasin tuvo en sus respuestas un enfoque más holístico…)

Jasin: No voy a responder a esto.

P: ¿Por qué?
Jasin: *Todos somos uno.* Todas las personas son uno conmigo, entonces, ¿para qué responder a esta pregunta? Yo traigo todo tipo de energías, y vosotros también lo hacéis.

(¡Y en esto hay una gran verdad! ¡Apreciemos el enfoque directo de Jasin!)

P: ¿Y tú, Joseph?
Joseph: Solución de conflictos, paz; dicho de otro modo, soy pacífico y alegre. Defiendo la verdad y creo que estoy aquí para detener conflictos y otras luchas y tratar de que se haga la paz. Me gustaría estar aquí para esto. No sé mucho más.

P: ¿Por qué no todos son como tú?
Joseph: Puede que tengan un propósito diferente. Quizás éste no sea el suyo. Tal vez simplemente no deseen verlo, así que rechazan este tipo de propósito. No hay dos personas iguales.

P: ¿Scott?
Scott: Represento a un ser que es la verdadera felicidad, aunque a veces me enfado. Estoy aquí para descubrir de dónde proviene todo el caos.

(Y entonces Scott pasa al libre albedrío…)

P: ¿Por qué eres diferente de los demás?

Scott: Porque todos los niños son capaces de tener su propia opinión y sus propias creencias. Todos los niños tienen el derecho de tener sus opiniones y sus propias creencias, lo cual es la razón de que surjan diferentes conductas y distintas energías.

Ahn: La energía que traigo a la Tierra es una energía azul, la aceptación de todo lo que existe, y la alegría del alma. ¿Quién soy? Soy muchas cosas. Todos estamos vinculados, así que soy todo y nada.

P: Ahn, ¿cuál crees que es la razón de que no todos los niños sean como tú?

Ahn: Todos los niños no son como yo porque elegí «despertarme» temprano de modo consciente. Advierto que estoy en mi ego de adolescente y prefiero estar en mi ego superior. Soy en extremo sensible a las energías. También lloro cada vez que digo una mentira, y tengo muchas experiencias de fuera de este mundo.

P: ¿Qué es lo que representas en nuestra Tierra?

Ahn: Siento que represento la verdad y que estoy aquí para dar un ejemplo de cómo decir y vivir esta verdad. Tengo que escribir, algo me empuja hacia esto desde mi interior, y mi poesía y lírica, al parecer, conmueven a las personas, así que creo que es esto para lo que he venido.

P: Recientemente has cambiado tu nombre. ¿Por qué?

Ahn: Mi nombre de pila es Jasmine. Pero el año pasado descubrí mis otros nombres, creo que son nombres del alma, y son Ahn y Zinda (La A y la Z, el principio y el fin). Ahora estoy usando mucho más Ahn que Jasmine, pero cuando una cambia de nombre esto confunde a la gente. «Jasmine» me hacía tartamudear, y dije a mi madre que simplemente deseaba algo más sencillo, como «Ahn».

P: ¡Hola, Scotty! ¿Qué has venido a hacer en la Tierra?

Scotty: Pienso, personalmente, que estoy en este mundo para cambiarlo. Para cambiar, para desafiar... todo eso. Me sentí muy extrañado al conversar con el director de mi escuela, porque yo preguntaba: «¿Cuál es el objetivo?». Como si nunca fuera a hacer uso de nada de esto. Le pegunté si recordaba todo lo que *el* había aprendido en álgebra, y me dijo que no. Y le contesté: «Bueno», y llegué a comprender que los niños en nuestra sociedad no preguntan ¿por qué?

Las personas que se limitan a ir tirando no preguntan por qué. Y esto me afectó verdaderamente, porque desde el jardín de infancia se supone que te deben enseñar a preguntar por qué, a preguntar siempre por qué, a *hacer preguntas siempre,* pero las personas que no lo hacen son las que tienen éxito en esta sociedad. En realidad, estaba pensando en esto y me dije: «Es que realmente deseo preguntar por qué. Y no me dejan hacerlo».

P: ¿Por qué te consideran insolente y desobediente?

Scotty: Por desafiar los procedimientos normales.

P: Y no te quedas con las manos cruzadas. ¿Deseas saber más y no quieren decírtelo?

Scotty: Exactamente.

P: Bueno, tal vez realmente no lo sepan...

Scotty: Cierto, y qué si no quiero escribir mis redacciones en un borrador. Pero entonces me dicen: «Bueno, pero es así como se ha hecho siempre». ¿No cambia la cultura siempre? ¿Soy una de esas personas que cambian nuestra cultura? ¿Qué rompe con todos esos paradigmas? ¿Y si escribiéramos todavía con el estilo medieval? ¿Y si nadie lo hubiera cambiado?

P: Y si aún viviéramos y habláramos de acuerdo con aquella cultura...

Scotty: Correcto: en medio del oscurantismo, segregación y todo eso.

P: Entonces sólo se trataría de sobrevivir... No de evolucionar dando una vuelta completa...

Scotty: Estoy totalmente de acuerdo.

P: ¿Gabriel?

Gabriel: Represento la bondad y la igualdad. Estoy aquí para ayudar al género humano. Quiero cambiar el hecho de que las personas se peleen siempre, aunque, en realidad, no se conozcan.

P: ¿Por qué, en tu opinión, sucede esto?

Gabriel: Tal vez sea porque creen en todo lo que ven. Las personas ya no pueden ver su verdad, porque cosas como los videojuegos y la televisión no les dejan verla.

P: ¿Por qué tú puedes ver a través de todo eso, mientras que tantos otros no pueden?

Gabriel: Pienso que puedo ver a través de todo eso porque he estado aquí muchas veces, y en la última ocasión comprendí que lo que nos dicen no siempre es la verdad. No tengo ni más ni menos razón para estar aquí que cualquier otro. No soy especial; me sentiría feliz si pudiera ayudar al mundo a ver con mayor claridad. Siento simplemente que si eres bueno con las personas, ellas, en su interior, desean también ser buenas contigo.

P: ¿Cómo te sientes al ser como eres?

Gabriel: Me siento bien y tengo este sentimiento interior de paz. Creo que Dios me ha dado esta paz para que otros puedan recordar que ellos también desean tenerla.

P: ¿Por qué, según tu opinión, eres así?

Gabriel: No estoy muy seguro de por qué soy así. Tal vez esto haya sucedido en el momento en que nací.

P: Lindsay, te conozco desde hace mucho tiempo y sé que eres un ser maravilloso y dotado. ¿Quién, según tú misma, es Lindsay?

Lindsay: ¿Quién es Lindsay? No estoy muy segura de que sea posible expresarlo con palabras. Recuerdo que en la escuela primaria nos pedían que nos describiéramos con tres palabras. Una vez levanté la mano y dije a la maestra que no lo podía hacer porque «no había palabras correctas». Hoy en día todavía sigo creyéndolo, pero, para los propósitos de este libro y esta entrevista, diré que yo soy yo y todo cuanto existe por encima de mí. Soy demasiadas cosas para poder nombrarlas todas, pero esta palabrita de dos letras, *yo*, parece conveniente. Es algo que no se puede explicar. Una puede tratar de ubicarse en categorías como «cariñosa», «buena», «divertida» e «inteligente». Pero, al fin y al cabo, cada uno posee un poquito de cada una de esas cosas... Es donde aparece «todo cuanto existe por encima de mí».

Tengo ciertos dones que algunos niños no han desarrollado completamente, pero, nuevamente, todos somos uno y todos somos diferentes, y, sin embargo, somos lo mismo. No me gusta decir tantos clichés, pero es verdad.

4

Para ser completo, hay que tener toda clase de
experiencias, espirituales y humanas.

Lindsay

El propósito de la vida: ¿por qué estamos aquí?

Me parece que todos buscan una sola y única razón para estar en la Tierra. De hecho, la pregunta que con mayor frecuencia se me ha formulado es: «¿Cuál es mi propósito?».

He llegado a la conclusión de que es un tema generacional. Antes, se nos decía que debíamos hacer las cosas *mejor*, ser *más*, estudiar *con mayor ahínco*, o algo semejante, y, sin embargo, *raras veces alguien* nos comentaba que habíamos hecho un magnífico trabajo; tan sólo nos decían que tendríamos que *hacerlo mejor la próxima vez*.

Era como si nos hubieran enviado a algún lugar sin un mapa. El resultado es que hay un gran número de adultos con una baja autoestima que aún tienen que descubrir sus capacidades y que buscan sin cesar cómo mejorar.

Para muchos de nosotros, encontrar nuestro camino en la vida ha sido difícil. Como no estamos en contacto con nuestra propia verdad interna, muchas veces no sabemos cómo sentir o por qué tenemos la sensación de no conectar con nadie. Solemos tener una baja autoestima porque no tenemos ni idea de adónde vamos o tan siquiera dónde hemos estado. Esto se debe a que medimos la vida con valores y expectativas de otros. Todavía tratamos de complacer a nuestros padres, maestros y otros que, en nuestra infancia, fueron personas que representaban la autoridad. Con frecuencia, atraemos a otros que nos siguen retando de maneras similares, hasta que aprendemos que tenemos que hacer nuestro propio viaje, y que éste no se parece en absoluto a ningún lugar donde ya hemos estado.

Al comprender esto, llegué a la conclusión de que nuestro propósito no es singular, sino que hay que descubrirlo en cada instante de nuestra existencia. Ya que somos, en realidad, parte de todo, y todo consiste en nosotros, nos interrelacionamos constantemente a una escala universal. Desde nuestra más diminuta expresión de energía hasta cualquier acto intencionado causan efecto dentro y alrededor de nosotros, y nunca sabemos lo que hacemos.

Mi historia favorita es la de un milagro instantáneo que me contó una amiga a quien llamaré Barbara:

«Estaba en la cola en la oficina de correos mientras pensaba en suicidarme. Mi esposo había fallecido de repente y me sentía devastada, sola en el mundo. Sentía como si no tuviera nada. Era algo más allá de la depresión. Sentía como si no tuviera ninguna razón para vivir. Creía que nadie me amaba ni me deseaba. Ya no quedaba nada, así que iba a regresar a mi casa para suicidarme.

Cuando la cola empezó a avanzar, la señora que estaba delante de mí se volvió y me sonrió. Simplemente me sonrió. En este diminuto instante me sentí reconocida, sentí que vivía. Decidí que, después de todo, la vida no era tan mala. Esa mujer nunca supo que aquel día su pequeño acto de bondad me salvó la vida…».

Desde luego, todas nuestras acciones suscitan reacciones. De hecho, cada causa tiene su efecto. Esto se llama *efecto de ondas*. ¿Qué hizo con su vida esta bella alma que fue salvada por una simple sonrisa? Se mudó a un pequeño pueblo en otro país donde enseña a los nativos cómo mantener a sus familias por medio de agricultura y aprendiendo oficios tales como la orfebrería. Además, trabaja en una escuela donde enseña a los niños diversos oficios que podrán utilizar en el futuro para ganarse la vida y mantener a sus familias.

Todo gracias a una sonrisa.

Los Niños de Ahora reconocen la belleza del instante. Son también conscientes de que han venido a la Tierra con un gran propósito. Para la mayoría de ellos este propósito consiste en enseñarnos cómo amarnos unos a otros, porque, al parecer, lo hemos olvidado. Pero sus propósitos no consisten sólo en esto.

Quise profundizar en este tema hasta donde los niños estuvieran dispuestos, así que les pregunté:

P: **¿Cuál es el verdadero propósito del ser humano? ¿Cuál es la mejor manera de servir a este propósito? ¿Son importantes las direcciones que elegimos en nuestra vida? ¿Por qué estamos aquí si podemos ser espíritu?**

P: Nicholas, ¿qué me dices?

Nicholas: Podría decir que no soy un chico corriente. Lo que me hace extraordinario no es el hecho de estar en una silla de ruedas, sino que desde que era muy pequeño he visto con asombrosa claridad mi misión espiritual en la vida.

Me gustaría compartir con muchos mi convicción de que estoy aquí para ayudar al tránsito de la Tierra hacia el amor y la luz. Esto puede sonar algo etéreo; no obstante, coincide completamente con los procesos de creación y disolución. Podemos encontrar este testimonio a lo largo de la historia. Estamos entrando en una nueva etapa en que nuestro reto es co-crear nuestro futuro aquí y AHORA. Ésta es nuestra lección. Sin embargo, nuestra principal herramienta de aprendizaje consiste más en adquirir experiencia que en mis enseñanzas.

Cuando otros niños y yo vinimos, trajimos con nosotros la vibración de la energía cristalina o cósmica, así que todos juntos podemos elevar la vibración de la Tierra. Esto ya está sucediendo a una velocidad increíble. Que esto no os alarme, ya que forma parte natural de nuestra evolución. Fue así como los dinosaurios vinieron y desaparecieron; éste es otro paso en el plan divino que nos hace seguir siendo humildes.

Supe desde una edad temprana que estoy aquí con un destino y un propósito grandioso, para ayudar a otros a recordar el amor puro, tal y como enseñaba Jesús. Estoy aquí para hacerlo de la única manera posible, aunque principalmente escribiendo y hablando.

¿Coincidís conmigo en la sensación de que la vibración de la Tierra resulta cada vez más tenue? Es así como la Tierra recibe un enorme don gracias al amor.

Jude: El propósito del ser humano es aprender sobre emociones y sobre cómo utilizar nuestros cinco sentidos. No existe otra especie sensible que pueda aprender sobre estas dos cosas de la manera en que los seres humanos pueden hacerlo. Lo que buscamos es el amor verdadero; aprender a ser un individuo y, al mismo tiempo, no romper el equilibrio de la unicidad con el Creador.

Al parecer, la humildad es el modo más productivo de llevar a cabo el proceso de aprendizaje de estos ideales y objetivos que hemos planteado en forma humana. Lo único que es preciso pensar cuando se realiza una elección que cambia nuestra vida o su dirección es esto: ¿Estoy haciéndolo en aras a un amor puro? Si la respuesta es «sí», entonces estamos tomando una decisión correcta. Esto incluye el amor por uno mismo, por la familia, por la humanidad y por la Tierra. Estamos aquí porque es imposible aprender estas lecciones en espíritu. El espíritu no puede vincularse de manera emocional. El espíritu no puede utilizar los cinco sentidos. Éstos son nuestros dones y sólo pueden utilizarse de una forma humana. Hay muchas almas que están esperando el momento para convertirse en humanos por esta misma razón. Sólo los humanos pueden ser humanos. Estamos aquí también para dominar la unidad y la individualidad en su delicado equilibrio. El amor verdadero es la llave que abre la puerta hacia el Creador, y esto se siente y se lleva a la práctica si se vive con el amor y se utilizan los cinco sentidos y las emociones para dominar el equilibrio entre lo masculino y lo femenino, a fin de poder regresar completos al Creador.

Weston: Nos hallamos aquí para experimentar lo tangible. Cuando no estamos en nuestro cuerpo físico, los sentimientos son tan plenos, tan completos, que es imposible experimentarlos de un modo individual. A la vez, cuando nos encontramos en nuestro cuerpo físico, podemos experimentar emoción, pensamiento, sentimientos y otros modos más sutiles del ser. Mientras existimos, mientras vivimos esta existencia, comunicamos nuestras experiencias al infinito. Cuando lo hacemos, el universo crea para nosotros y para otras personas aún más posibilidades que experimentar. Podéis ver que, en este sentido, todos contribuimos a la vida con cada una de nuestras experiencias individuales.

Tristan: Estamos aquí para amar a cada ser viviente.

Christina: El verdadero propósito del ser humano es tener experiencias y aprender para mejorar. No hay direcciones «buenas» ni «malas», sólo experiencias. El modo en que las percibimos cambia la manera en que experimentamos las cosas. Cuando estamos en espíritu, no podemos tener contacto físico con las cosas.

(Nathan recuerda cómo su hogar fue destruido en una vida anterior, cómo estaba atrapado y no podía salir.)

Nathan: Estoy aquí para reconstruir mi hogar.

Rhianna: El propósito de los seres humanos es hacer cosas y experimentar la vida: ¡aprender y divertirse! La dirección en la vida es importante: estamos aquí por obra de Dios.

Jasin: Hemos venido aquí dejando nuestro yo espiritual para ayudar a la Tierra a generar nuevas vidas de paz.

Joseph: Solución de conflictos, paz; en otros palabras, pacíficos, alegres. Creo en la verdad y pienso que estoy aquí para poner fin a conflictos y a otras formas de lucha y tratar de traer la paz. Me gustaría estar aquí para esto. No sé mucho más que eso.

P: ¿Por qué no todos los niños son como tú?

Joseph: Pueden tener un propósito diferente y éste puede no ser el suyo. Es posible que simplemente no deseen verlo y que lo rechacen. No existen dos personas iguales.

P: ¿Cuál es el propósito del ser humano?

Scott: He pensado en esto antes, y estamos aquí para aprender y no para juzgar.

P: ¿Son importantes las direcciones que tomamos en la vida? ¿Por qué estamos aquí cuando podemos ser espíritu?

Scott: Sí que lo somos.

Ahn: Cuidar de nuestro sagrado templo y amarlo, sea lo que sea; vivir diversas experiencias; vernos como en un espejo y aprender siempre con amor, si esto es lo que elegimos. Las direcciones que escogemos en este mundo son de mayor y de menor importancia. Las primeras consisten en divertirnos y las otras en establecer una diferencia positiva en el género humano. Podemos ser espíritu, como una gota que flota en un mar de puro amor, y a veces esto es lo

que me gustaría, pero la elección de nuestra alma ha consistido en estar aquí en el ahora físico.

Gabriel: Para eliminar la avaricia interior que todos tenemos. Elegimos tener forma y que se nos pruebe. Cuando
estamos todos en espíritu, estamos con Dios, de modo
que todo ante nosotros es bueno. Cuando nos hallamos
en nuestro cuerpo tenemos que pasar la prueba de cómo
podemos reflejar el bien.

Lindsay: Para amar. Es, verdaderamente, tan sencillo como
esto. Somos nosotros quienes hacemos que todo sea tan
complejo. Hemos sido espíritu. Allí amar es muy fácil
porque no conocíamos nada más. Aquí tenemos que
empezar desde el comienzo. Nos esforzamos en nuestro
propio cuerpo. Cada generación viene con la información
y las experiencias más recientes para ayudarnos a desarrollarnos como personas. Para ser completo hay que
pasar por todo tipo de experiencias, tanto espirituales
como humanas.

5

Lo verdaderamente más asombroso
es que toda la información
que existe en el universo
está dentro de nosotros.
Podemos permanecer sentados en una pradera durante
toda la vida
y saber todo cuanto pasa
si tan sólo deseamos descubrir
lo que hay en nuestro interior…

Scotty

Realidades más allá de la tercera dimensión

Los Niños de Ahora suelen hablar sobre otras realidades. Comparten historias sobre experiencias que viven con seres que no son de nuestra realidad. Algunos de estos seres son parientes u otras personas que se hallan en el otro mundo. Los niños hablan también sobre otros seres, como sus espíritus guías o ángeles, e incluso otros que van y vienen en sus percepciones. Estas historias no son inventadas ni son fantasías o producto de la imaginación.

La verdad es que algunos de estos niños pueden, en el sentido literal, leer a través de los velos que separan esta realidad de las otras. Incluso suelen interactuar con estas realidades y vivir en ellas con tanta facilidad como lo hacen en nuestro mundo. Nuestros hijos aprenden, juegan y tienen amistad con personas que para el resto de nosotros ni siquiera existen. ¡Conocer estos datos aporta un significado diferente a la idea de los amigos invisibles!

Las historias que los niños narran oscilan desde viajes fuera del cuerpo a la Atlántida, a sistemas estelares en universos paralelos e incluso a una multidimensionalidad interactiva. Los niños hablan de otras personas a quienes ven y con quienes interactúan, de seres que no poseen forma humana ni están en nuestro plano de realidad. Conversan con ángeles y, con gran tranquilidad, hablan con sus espíritus guías cual si se tratara de vosotros o de mí. Para los Niños de Ahora, estos seres son tan reales como nosotros.

Pensé que sería no sólo divertido, sino también instructivo, conocer algunas de las experiencias de los niños en otros mundos, así que les pregunté:

P: ¿Existen otros mundos además de éste? ¿Cómo son?

Grandma Chandra: Miles de millones. Otros mundos organizados en sociedades. Muchos no pueden verse, oírse o percibirse, y se encuentran en dimensiones que aún no hemos descubierto.

Jude: He sentido siempre que mi energía y mi alma son de otra parte del universo. Recientemente, cuando se abrió la puerta estelar, sentí cómo las energías de la familia de mi alma venían hacia mí desde el otro lado. Por medio de mis dones sé que vienen a ayudarnos en nuestras transformaciones y ascensiones personales. Las energías de otras partes del universo que han entrado en nuestro mundo me han ayudado a adquirir nuevas perspectivas y a ampliar mis capacidades personales.

Cuando me encontré con los mensajeros intergalácticos ocurrió algo. Estaba meditando sobre refracciones internas de la luz dentro de una gran bola de cristal. Vi una hilera de seres procedentes, sin lugar a dudas, de otras partes del universo; esto me hizo recordar la escena de la cantina en la película *Star Wars*. Miré a estos seres y vi que tenían múltiples formas, tamaños y sexos. Vi seres muy altos que llevaban atuendos marrones, y seres bajitos que, en vez de ojos y nariz, sólo tenían hendiduras.

Para mí, en mi realidad, no existe duda alguna de que fuera de nuestro planeta hay vida. Para mí esto está muy claro. El Creador no hubiera dedicado todas Sus energías a la Tierra sin tener ningún otro plan.

Veo la Tierra como un «experimento» interestelar. A los 19 años me lo confirmó una visión que tuve en compañía de un amigo. Esta visión mostraba que éramos una culminación de muchas y diversas energías de alma que representan diferentes partes de la galaxia. Para mí, todos los seres en otros planetas son de tipo unicorporal y varía de un planeta a otro. Carecen de diferencias raciales que percibimos aquí en la Tierra.

Esta percepción de diferencias entre las razas humanas es uno de los aspectos y lecciones claves que tenemos que aprender aquí; no obstante, suscita muchos temas de discusión cuando interviene el libre albedrío. Sé, al experimentar con las diversas razas de la Tierra y las razas únicas de los otros planetas, que en realidad somos un planeta único de su tipo. Al parecer nos hemos retrasado debido a las grandes diferencias entre los aspectos visuales de la humanidad, así como a la combinación entre el libre albedrío y el ego.

He tenido también otra visión en la que los planetas de nuestro propio Sistema Solar antes tuvieron vida. Esto coincide con la idea de que ha existido vida en Marte. En la posición que actualmente ocupa la Tierra, se hallaba Marte. La Tierra estaba donde ahora está Venus, y los otros planetas se encontraban en un lugar más allá de sus ubicaciones actuales. Donde ahora está Marte había otro planeta.

En esta visión percibí que los planetas alimentan al Sol, de modo que éste aún existe y apoya a la vida dentro de nuestro Sistema Solar. Vi a Marte tal y como es la Tierra ahora, y que la disposición de los planetas es lo que crea la atmósfera que ayuda a que la vida evolucione. Sin embargo, cuando Marte se acercó demasiado al Sol, el agua se evaporó y la atmósfera se tornó estancada y áspera.

Venus se está preparando para ser la nueva Tierra, y ésta, finalmente, irá a parar al espacio que ahora ocupa Marte. Entonces Venus ocupará otro lugar y albergará vida. La visión me mostró que la vida, definitivamente, puede existir y existe en otros mundos y áreas de la galaxia y todo el universo.

El único mundo que en realidad recuerdo era de tipo acuático. El mundo entero era agua y todas las criaturas vivientes eran acuáticas. No había tierra ni ciudades. No existían edificios ni objetos materiales. Era como un baño tibio donde todos existíamos y no había preocupaciones, ira ni odio. Sólo había cálido amor de unión con el Creador y los pensamientos de Él sobre nosotros como Sus hijos.

Weston: Más allá del lugar que conocéis como Tierra y las realidades que tenéis aquí hay infinitos corredores hacia otras realidades. Hay puertas intergalácticas por donde se puede pasar si se sabe cómo hacerlo. Hay ciudades que son pura energía y hay también otros seres. Algunos de ellos se parecen mucho a los humanos. Otros tienen un aspecto totalmente diferente. Tengo muchos amigos en otros mundos. Me enseñan de todo.

Cuando abandonas tu cuerpo, te liberas de todo lo que es la materia densa que te retiene en la Tierra. Tu consciencia es ilimitada, así que puedes ir adonde quieras. Los viajes no se reducen a lugares. Se pueden visitar también otros tiempos. Además, puedes transformar tu energía para mantener el equilibrio en cualquiera de esos lugares o tiempos. Transformar tu energía es tan fácil como respirar. Hacerlo se parece muchísimo a lo que algunas personas llaman «desplazamiento de forma». Simplemente, imagina que eres algo, y ya lo eres.

Un vez que se aprende a desplazar el campo de energía ya no existen límites en cuanto a dónde o cuándo se puede ir. Viajar como un ser de luz te libera de limitaciones físicas. Te puedes convertir en el nacimiento de una estrella o en el fin de un mundo. Puedes desplazarte sobre los ritmos de los planes energéticos o detenerte para visitar otros mundos. En la mayoría de los casos, la gente de otros mundos no sólo es agradable, sino que se preocupa mucho por nosotros, los terrícolas. Se sienten muy preocupados porque nosotros, los de la Tierra, somos criaturas muy destructivas y hacemos daño a nuestro planeta. Además, se sienten frustrados por nuestra culpa, porque no llegamos a comprender que debido a la ley de causa y efecto todo cuanto sucede en la Tierra se traslada de manera energética y afecta a todos y a todo en los demás planos de la realidad. Todo es energía, así que todo se relaciona armónicamente.

En algunos de estos lugares hay seres muy sabios. Hay consejos que supervisan la vida entera, toda la creación. Son muy serios y severos, pero a la vez son todo amor. Es difícil de describir, pero es muy real. Algunos de los miembros del consejo tienen libros con listas de todos los que han vivido alguna vez. Son libros de nombres. En estos libros están los nombres de todos los que alguna vez han existido, de todas las vidas que han elegido, de sus logros y de los retos a los que tuvieron que enfrentarse.

Hay también algo que llamo *El Libro de los Sueños*. En este libro están todas las posibilidades de todo lo que cada uno hace. Cuando actuamos, siempre hay una reacción. Cada reacción produce una cadena de acontecimientos que puede ir en cualquier dirección, independientemente de lo que se elige a continuación, así que las posibilidades son infinitas. Cuando vivimos vidas humanas, en realidad no comprendemos que no estamos limitados por leyes humanas o reglas impuestas. Hay leyes muy superiores que rigen nuestra vida. Estas leyes son del Uno.

El Uno es el todo colectivo de la creación. Dentro, hay infinitas opciones. Entre ellas se halla el potencial para el mejor resultado posible. Los seres humanos no comprenden que sus opciones son ilimitadas.

Viajar fuera del cuerpo es muy divertido, pero, al mismo tiempo, implica responsabilidades. No es simplemente un viaje impresionante. Es una oportunidad ilimitada. Si comprendes que puedes trasladarte de un tiempo a otro, porque realmente vives en todos los tiempos a la vez, puedes elegir cosas que alteren la realidad en la que vives, y esto, a la vez, cambia todo de forma inalterable en tus otras realidades.

Más allá de la vida terrenal hay muchísimo trabajo por hacer. Sólo se requiere equilibrio. Debido a todos los cambios que se producen constantemente, la energía se forma en algunos niveles de la realidad, mientras que en otros puede existir carencia. Hay una energía de luz, muy ligera, que, en última instancia, es de Dios. Todos somos parte de esta energía. Existe también una energía oscura que es muy pesada. Estas dos energías luchan constantemente entre sí para ser la más importante. Ninguna puede ser más que la otra, por lo que se produce un equilibrio natural.

También en el plano físico, para sobrevivir se necesita equilibrio. Cuando viajas de un universo paralelo a otro, lo que encuentras es que hay ecualizadores que añaden energía a un universo, mientras drenan su exceso en otros. Una categoría son los agujeros negros. De no existir agujeros negros, el universo que conocemos ya hubiera explotado para hacerse añicos. Como existen muchos tipos de mecanismos de equilibrio, la energía está siempre en movimiento. De hecho, la realidad es un enorme organismo vivo que tiene pulso, al mismo tiempo que una existencia infinita.

Tristan: Siempre he visitado otras dimensiones y otras galaxias. Los seres son muy pacíficos y amorosos, exactamente como Dios.

Rhianna: En mis viajes fuera del cuerpo, recuerdo que he visitado un lugar con un caleidoscopio, donde se puede ver cualquier cosa. Vi a mamá cuando era niña y ¡leí su diario! Los viajes fuera del cuerpo me hacen más inteligente. Visito lugares especiales y aprendo de los espíritus maestros. Me enseñan cosas sobre la ciencia, sobre cómo estar en forma y ¡cómo divertirme!

Nathan: Mi espíritu viajó al cielo mientras estaba dormido. Cuando estoy en el cielo visito muchos planetas.

P: Jasin, ¿existen otras realidades más allá de nuestra realidad terrenal?

Jasin: ¡Sí! Muchísimas, miles y miles, millones y millones. Hay millones de galaxias. No sé por qué, pero no puedo saber cómo son. Puedo decirte cómo son los luvezoritas. Si quieres saberlo, lo único que tienes que hacer es decir «amor». Es de color turquesa. La turquesa que tenemos aquí se trajo de mi planeta. Una turquesa se escondió en un profundo hoyo. Necesitamos tener turquesa en nuestro interior para sentir amor.

Joseph: Pienso que no debemos mostrarles miedo por lo que tienen.

Scott: Creo que ya lo he dicho antes. Todo es mecánico, con excepción de las plantas y piedras y esas cosas básicas.

Ahn: Más allá de este mundo hay muchos otros. He visitado ambos lados; he ido a mundos inferiores y hacia donde hay un enorme amor flotando en el aire. Lo que he aprendido es que los pensamientos son cosas, pero las visiones dicen más cosas. Todo siempre suele ser en aras del bien supremo. Nuestros ángeles guardianes están siempre con nosotros.

P: Scotty, ¿no es cierto que ves en tus sueños realidades diferentes? Antes, cuando estábamos conversando, me hablaste sobre un sueño importante, en el que te encontraste a alguien y aprendiste cosas de gran importancia, ¿no es cierto?

Scotty: Tengo una gran vinculación con el océano, pero aquí, en Nuevo México, no lo hay, de modo que siempre sueño con él. Aquella vez soñé que iba caminando hacia ese gran peñasco rocoso y, cuando estaba llegando, se me acercó una sirena. Tenía una cabellera negra como el azabache y, en vez de tener un cuerpo como el de las sirenas, el suyo era parecido al de una anguila. La podría describir como una «sirena oscura».

Cuando me acerqué a ella, me dijo: «Invéntate un cuento».

Entonces comencé a inventarme uno que comenzaba así: «Érase una vez un chico que se llamaba Scotty; vivía magníficamente, pero quería formar parte del todo y estar conectado». Y le dije algunas otras cosas, y entonces salté de la cama y pensé: «Bueno… ¿acaso no estaba inventando un cuento? ¿Por qué se ha interrumpido mi sueño?». Y fue entonces cuando lo comprendí: tenemos que ser ambas cosas a la vez, oscuros y luminosos, todo y nada, masculinos y femeninos, y cuando tengamos todo esto, seremos Uno.

Y así lo escribí en aquel poema que comenta que es preciso ser todo, lo de arriba y lo de abajo, masculino y femenino, ligero y oscuro, y entonces, al final dice: «Soy Uno».

Lo más asombroso de toda esta experiencia fue el hecho de que la sirena me hizo descubrirlo por mí mismo. No me dijo nada; todo lo que me pidió fue que inventara un cuento, y le conté lo primero que me vino a la mente.

Es realmente sorprendente que toda la información que hay en el universo esté dentro de nosotros. Podríamos permanecer sentados en una pradera durante toda la vida y saber todo cuanto suceda, siempre y cuando deseemos descubrir lo que hay en nuestro interior.

Gabriel: Tengo la sensación de que otros están tratando de comunicarse con nosotros, pero no sé quiénes son.

Lindsay: Debe haber… apenas somos seis mil millones… Me niego a creer que estamos solos en un espacio gigantesco. Fuera de aquí hay otras dimensiones y planos; ni siquiera hemos empezado a dar los primeros pasos para conocerlos. Lo que he experimentado me hace creer que son bastante asombrosos.

6

La verdad es que paso más tiempo
fuera de mi cuerpo que dentro de él.
Vivir en otros mundos me resulta fácil.

Weston

Viajes fuera del cuerpo

Por lo general, el hecho de que los niños tengan la percepción consciente de que existen otros mundos y otros seres más allá de nuestra realidad tridimensional significa también que son capaces de viajar fuera del cuerpo. Dicho de otro modo, son capaces de proyectar su consciencia, de abandonar su cuerpo y trasladarse a otras realidades dimensionales, a tiempos pasados y futuros; de realizar viajes intergalácticos, incluso por túneles entre tiempo y espacio y universos paralelos, así como a numerosos lugares.

Para quienes poseen esta capacidad, este tipo de viajes les es tan fácil como para nosotros respirar. Muchas veces, para una consciencia libre de restricciones, resulta espontáneo y natural. Algunos adultos son también capaces de viajar intencionadamente fuera del cuerpo, pero la mayoría tienen que recurrir a la meditación o a otros métodos para que la tarea les resulte más fácil. Otros adquieren la capacidad en un despertar espontáneo. Para los niños, es un estado natural del ser.

Weston, quien ha experimentado esto, estuvo visitándonos a mí y a otros a lo largo de años. Resulta impactante, las primeras veces, experimentar el poder de su consciencia cuando entra en tu mente y prácticamente cambia tu realidad para que veas lo que él desea hacerte ver. Imagínate que, estás haciendo tu vida cuando de pronto, ¡BUM!, ¡tu realidad ya no te pertenece! ¡Lo que tenías en la mente desaparece y experimentas una realidad completamente nueva, ¡que es de alguien más!

Una vez, hace tiempo, me encontraba en el estudio de grabación de mi amigo Barry Goldstein, Think Big Productions, en la ciudad de Nueva York, donde estábamos preparando un CD para niños titulado *Inside and Out,* que, básicamente, es un viaje interno destinado a los niños cuyo objetivo es ayudarles a descubrir sus miedos, problemas y preocupaciones, y a deshacerse de ellos. Luego, prosiguen el viaje dirigido para descubrir sus capacidades internas. Durante la grabación de esta sesión, quise que los niños realizasen una introspección que incluía abrir unas cajas de colores, cada una de las cuales contenía alguna cualidad positiva.

Una de tales cualidades es, desde luego, la imaginación. Estaba diciéndoles a los niños que la caja de la imaginación estaba vacía y que nunca se llenaría porque su imaginación era infinita, cuando de repente todas las imágenes que tenía en la mente desaparecieron y... ¡en su lugar surgió una caja multicolor llena de ranas! ¡Las ranas saltaban fuera de la caja y por todas partes! ¡Además, formaban una algarabía!: «¡Croac! ¡Croac!».

Desde luego, cuando me recuperé de este desplazamiento repentino de mi realidad, ¡me di cuenta a quién le debía el suceso!

«Weston, ¡por Dios, que estoy trabajando!» Su única respuesta fue comenzar a reír. ¡Y la cantidad de ranas iba en aumento! «¡Croac! ¡Croac!» Y el chico se reía cada vez más. Solté una carcajada y seguí riéndome durante el resto de la grabación. Resultó tan gracioso que dejé las carcajadas en la versión final del CD que narra esta historia.

La distancia no limita ni impone fronteras a esta clase de fenómenos. De hecho, ¡Weston se hallaba entonces a casi quinientos mil kilómetros de distancia! Es un ejemplo de los Niños de la Nueva Evolución.

El grado de libertad de consciencia que los niños poseen varía de uno a otro. En mi opinión, es un don fabuloso que hay que estimular. ¡Quién sabe hacia donde nos pueden conducir nuestros niños! Por otra parte, algunos de ellos viajan tan bien fuera del cuerpo y son tan buenos en telepatía que tengo que imponerles límites, es decir, manifestar que no me interrumpan cuando estoy trabajando o conversando con alguien. ¡El mero hecho de que los niños puedan hacer cosas graciosas no significa que no haya que enseñarles buenos modales!

Cuando los niños se comunican con otros en otras realidades, suelen hallarse fuera del cuerpo. Pueden visitar el pasado y el futuro, e incluso verse a sí mismos en las vidas anteriores. Viajan a otros planetas, o incluso retornan a la Luz, para que los regenere, según me ha dicho uno de ellos.

Con respecto a los dones que poseen los Niños de Ahora, hay que destacar que la gente les dice que sus historias no son reales, que no son capaces de hacer lo que dicen. Os aseguro que todo es verdad. Bueno, digamos que casi todo. ¡Los niños poseen una tremenda imaginación! He aquí cómo les planteé mis preguntas:

P: **¿Qué habéis aprendido en vuestros viajes fuera del cuerpo, o qué es lo que recordáis? ¿Podemos aprender cosas de los acontecimientos que se produjeron o que tienen lugar en otras dimensiones? ¿Qué podemos aprender? ¿Cómo os ayudan los viajes fuera del cuerpo?**

Jude: Fallecí y resucité, algo que la gente denomina EFC: experiencia fuera del cuerpo. Una noche me encontraba en una fiesta en casa de un amigo, en Boston, y estábamos consumiendo ciertas sustancias. Me pasé del límite. Me sentí el cuerpo ligero, ligero, cada vez más ligero… y entonces comencé a flotar por encima, mientras contemplaba la escena. Mi cuerpo estaba tendido en el sofá boca arriba, con los labios azules y el rostro blanco.

Recuerdo que, mientras abandonaba mi cuerpo y ascendía, miré hacia una esquina de la sala. Empezó a dar vueltas, como un remolino. Más allá de la pared todo era blanco. El centro del remolino era una mancha negra que absorbía la realidad. Entonces me elevé flotando hacia el plano etéreo. Todavía podía ver la sala y el sofá, que estaban muy lejos, allá abajo. Y pude ver, asimismo, todo cuanto había en el planeta. Sentí como si pudiera estar en cualquier parte, en cualquier lugar que se me antojara, con tan sólo pensarlo. Estaba en todas partes y en ninguna. Era un sentimiento muy agradable, pero paradójico.

Mientras ascendía cada vez más alto, todo cuanto me rodeaba era blanco. Entonces alcancé un nivel donde ya no me desplazaba por mí mismo. Empecé a avanzar en algo como una «cinta transportadora de personas», muy similar a las que tienen en los aeropuertos; sin embargo, no podía ver mi cuerpo; de hecho, creo que entonces ya no lo tenía. A esto lo llaman *sensación de flotación*.

Al avanzar más en esa cinta transportadora invisible, empecé a oír voces que hablaban en diferentes lenguas. Por medio de un efecto de claricognición se me hizo saber lo que eran en realidad estas lenguas. Son cada idioma que se habla, cada proceso de pensamiento y cada emoción en cada uno de los seres vivientes y no vivientes en el área de la corriente de la consciencia colectiva en la Tierra y en el Sistema Solar.

Se me mostró también que otros sistemas solares con seres sensibles poseen su propia consciencia colectiva en otros niveles, diferentes de la nuestra. El sonido es difícil de describir, pero puedo reproducirlo con mi voz, como hice ayer. Eran todas las lenguas y a la vez ninguna, y es también una de las mayores paradojas de la vida.

Vi entonces un enorme remolino de masas de energías que giraba y que, por su naturaleza, era translúcida. Resplandecía con todos los colores, como una madreperla. Se me dijo que era, en forma visual, la masa de la consciencia de la Tierra. Me rodeaba como un anillo de fuego. Un anillo muy grueso. Empecé a atravesarlo, y, a medida que lo hacía, mis emociones cambiaban.

Sentí como si me hubieran sacado de un baño tibio para sumergirme en mis experiencias terrenales, y éste era el momento en que estaba regresando a las tibias aguas de amor que el Creador nos da después de la muerte. Estaba atravesándolo. Y la blancura no dejaba de rodearme por doquier. Por eso me es tan difícil aceptar cuando alguien me dice que está en un túnel con una luz blanca al final del mismo. Estuve en un túnel de pura luz blanca y energía resplandeciente con un punto negro en el extremo, y este punto iba aumentando de tamaño a medida que el transportador de almas hacia su próxima migración me acercaba hacia él. Al acercarme cada vez más al punto negro al final del transportador pude ver que dentro de ese espacio oscuro había innumerables galaxias.

Me dijeron que me estaba aproximando al área de espera de la ciudad de cristal donde podría ver mis vidas pasadas, presentes y futuras. Sin embargo, cuando ya podía distinguir las estrellas sobre el fondo oscuro delante de mí, el transportador comenzó a invertir su movimiento. Me comentaron que aún no me tocaba, que tenía un mensaje que difundir en la Tierra, y me otorgaron otro don que me ayudaría a alcanzar este objetivo espiritual.

Me dieron un cordón astral con el que me comunico con aquel portal. Se parecía mucho al cordón astral que se usa cuando se viaja en el plano astral. Pero estaba destinado a las personas que van y vienen entre el mundo de los vivos y el de los muertos y regresan al de los vivos. Ambas partes utilizan el cordón astral para enviarme un mensaje instantáneo cuando me hacen saber algo o necesitan que les preste ayuda. Se utiliza también cuando me duermo o entro en un estado de inconsciencia, a fin de permitir que mi yo futuro en esta vida venga y ayude a mi alma a realizar el trabajo de luz.

Cuando realizo este trabajo, no estoy seguro de lo que hago, pero sí sé que son mi propósito y mi yo futuro los que me impulsan a hacerlo. A partir de ese momento, salgo de mi cuerpo en muchas ocasiones, pero esto sucede siempre cuando estoy dormido y, después, no recuerdo muchas cosas. Lo único que recuerdo que me dijeron es que hay un consejo a mi alrededor que me observa. Pertenecen a otra dimensión, y siento que fue allí donde el Creador hizo aparecer la energía de mi alma. Me comentaron que podía ser Nuevo (sic.); sin embargo, no estoy seguro. Me despierto cansado y dolorido, aunque haya dormido 12 horas o más; es así como me doy cuenta de lo sucedido.

Sé que ayudo a personas que encuentro en el presente, el pasado y el futuro. No estoy seguro de lo que hago, pero sus vidas, al parecer, mejoran. Actúo como un catalizador y estoy seguro de que en el futuro descubriré lo que he hecho en el presente con mi yo actual. Recuerdo una habitación donde había una mesa grande y redonda que parecía pequeña y, sin embargo, todos los miembros del consejo cabían alrededor de ella.

Este consejo representa a los seres de todas las especies del universo. Nos sentamos alrededor de esta enorme mesa en una habitación llena de luz. Los colores son el blanco y otro blanco más intenso. Sentados en círculo, cerramos los ojos, como para meditar, y el consejo se inicia. Sus miembros revisan la información procedente de las almas clave que están presentes y deliberan. Entonces nos dicen amorosamente lo que necesitamos hacer en nuestra vida para evitar algún acontecimiento.

No estoy seguro de qué es este consejo, a quién representa y qué es lo que se discute, pero los sincronismos entre mi vida y mis dones sólo se fortalecen cada vez que siento que he asistido a él. El chakra que me dieron es un instrumento para enviar y recibir mensajes que antes, cuando vivíamos en la Atlántida y Lemuria, formaba parte de nosotros. Así me lo dijeron y lo he podido confirmar. Sé que hay otros que pueden describir este consejo mejor y con más detalles y espero encontrarme con ellos algún día.

Weston: La verdad es que paso más tiempo fuera de mi cuerpo que dentro de él. Me resulta fácil vivir en otros mundos. Una parte de mí vive siempre fuera de mi cuerpo físico. Es a lo que estoy más acostumbrado. Hay innumerables lugares adonde ir y otros seres con quienes encontrarme más allá del mundo que conocéis. Muchísimos tienen bastantes cosas que enseñarnos de su experiencia, porque los humanos no son, en realidad, tan antiguos en comparación con otros seres de otras dimensiones y otros mundos.

Me gusta viajar con mis amigos. Me hacen reír y nos divertimos mucho. Además, hay lugares donde puedo observar una enorme diferencia en el equilibrio de los mundos. Aprendo vibraciones armónicas y energía. Utilizo estas vibraciones armónicas para comunicarme con el infinito a propósito de los futuros cambios. No simplemente puedo pedir estos cambios, sino también facilitarlos por medio de vibraciones para que no tenga lugar un caos. Implica mucho trabajo, pero sé que estoy ayudando a que se produzca una diferencia.

Cuando estoy fuera de mi cuerpo, suelo visitar a distintas personas. Muchas de ellas me pueden ver u oír. Simplemente transmito mi energía para sincronizarme con sus campos energéticos y aparecer de repente. Me río cuando la gente se asombra. Me río aún más cuando me pueden ver, porque eso me hace feliz. Visito a la doctora Meg y también a otros. Mi tía Carmen y yo nos divertimos muchísimo juntos fuera de nuestros cuerpos. La doctora Meg y yo hemos tenido grandes aventuras, como cuando fuimos juntos a la Atlántida. Le mostré partes de la Atlántida que ella nunca había visto. Fue divertido. Lo más divertido fue cuando la llevé a conocer a mi alma gemela. Se lama Nahlah. Fuimos a su casa cuando acababa de nacer, y enseguida se acordó de mí. Me siento muy feliz cuando la veo. Viajamos juntos siempre fuera de nuestros cuerpos. Incluso a pesar de que vive en otro lugar y en otro tiempo, no importa, porque podemos estar juntos fuera de la densa realidad. Es un alma muy avanzada, y muchas veces me cuesta trabajo mantenerme a su nivel. Me muestra esas miradas suyas cuando me acuerdo de algunas cosas. Pero es paciente conmigo.

También hay seres que me visitan, sobre todo por la noche. Me asustan porque son feos. Cuando vienen, me entra el pánico y corro a buscar a mi mamá. Parecen hombres-perros, de cara y piel arrugada. Sus bocas son enormes y las orejas diminutas. Se quedan allí inmóviles y me miran, y eso no me gusta. Entran también en el baño. A veces miran por las ventanas. Otras personas no los pueden ver, pero son reales. No sé por qué vienen. La doctora Meg los llama «observadores». Ella y mi tía Carmen saben hacerlos desaparecer, pero siempre regresan.

Algunos personajes especiales me observan y me protegen. Son muy antiguos. Cuando se presentan son muy formales. Tienen un protocolo que es muy importante para ellos. Muestran un gran respeto por las tradiciones y ceremonias. De alguna manera esto les hace muy poderosos. Cuando vienen, me siento como un niño pequeñito. Tía Carmen dice que son del pueblo maya, por su aspecto. Se parecen a los guerreros mayas.

Cuando estoy fuera de mi cuerpo y viajo a otras dimensiones y universos paralelos, los colores y las texturas de la realidad son muy diversos, dependiendo de dónde esté. He visto nacer y morir estrellas. He visitado muchos planetas con ambientes muy diversos. Hay un planeta en el que todo es púrpura y rosado, incluso el aire. En otro es azul plateado, y otros también son muy bellos y no se parecen en nada a la Tierra. Existen otras realidades que no tienen forma ni densidad, sino que son como aire, y, sin embargo, también esas dimensiones tienen habitantes. Por lo general, son ellos quienes me enseñan. Aumentan la energía hasta que me llena, y simplemente sé cosas. ¡Aprendizaje instantáneo! ¡No como una tarea escolar!

A veces voy hacia la luz para recargarla. Esto es importante porque todo es electromagnético cuando estoy fuera de mi cuerpo; la estática que se produce al trasladarme a través de diversas realidades a veces debilita mi campo, así que tengo que recargarme. Me gusta ir a la luz porque es lo que está dentro de mí. Es mi verdadero hogar.

Tristan: Cuando era muy pequeño, muchas personas que acababan de morir me visitaban. Iban de camino hacia el mundo del espíritu. A veces eran niños, así que podían jugar con mis juguetes hasta que los ángeles venían a llevárselos. Los ángeles eran siempre bellos y amorosos. También en una ocasión me visitó un perro moribundo. Creo que esto fue lo que me enseñó que morir no es terrible, porque hay siempre ángeles y espíritus amorosos que nos ayudan a pasar el trance.

Hace algunos años empecé a volar con una mujer extraterrestre muy alta. En la nave espacial había otros extraterrestres, pero yo, en mi mente, hablaba principalmente con ella. La nave espacial tenía forma de cilindro y volaba en vertical. Era muy brillante. Esta mujer extraterrestre era muy simpática. La primera vez que volé con ella, me dijo que estaba triste porque en la Tierra mataban a mucha gente. Entonces me hizo ver una pantalla de televisión muy grande que mostraba la guerra en Iraq. No me gustó ver toda esa matanza, así que le dije a la mujer que ya había visto bastante y que, por favor, la desconectara. Así lo hizo, y entonces todos nos sentamos alrededor de una luz blanca y brillante, nos tomamos de las manos y enviamos a la Tierra energía sanadora.

P: Tristan, ¿tienes alguna idea de quiénes son estos seres?

Tristan: Dos de ellos son mis padres, que viven en otro planeta. Cuando me visitan en la Tierra, adoptan una forma corporal llena de una luz blanca y brillante. Cuando vuelo a visitarlos, todos parecemos esferas de luz blanca. Ellos me proporcionan energía, y así puedo sentirme más calmado en la Tierra, porque siento muchos sentimientos negativos en la gente.

Conversamos de mente a mente y también usamos el lenguaje de los símbolos, que son algo así como los círculos en los campos que se siegan. Me es un poco difícil recordar estos símbolos. Últimamente han empezado a venirme a la mente y sé que es así como nos comunicamos, pero no puedo acordarme de cómo son. Tal vez lo recuerde más tarde. Conversamos de cómo conservar mi buena energía. No recuerdo siempre lo que me dicen que debo hacer, pero por lo general lo que sucede es que mi mamá encuentra a alguien que nos da clases de energía, como reiki y quigong y otras cosas que me ayudan a sentirme mejor. El quigong es lo que más me ayuda a sentirme mejor.

La mujer extraterrestre con la que he volado durante varios años es muy alta y lleva una larga túnica que tiene un símbolo parecido a la Y, aunque no tan pronunciada en medio. Tiene una línea recta que se une a dos líneas sesgadas. Alrededor de este dibujo hay un círculo. El rostro de la mujer es bondadoso y tiene una sonrisa agradable. Sus ojos son bellos, de un color azul brillante. El contacto que tengo es con ella; hay otros extraterrestres alrededor, pero en su mayoría se mantienen a distancia. No los veo bien. La mujer vuela en una nave espacial de forma cilíndrica; desde el exterior parece como si estuviera iluminada con una luz blanca y brillante. Creo que lo que la hace volar es algún tipo de energía y no el combustible. Cuando vuela no hace ningún tipo de ruido.

Recuerdo que esta mujer, cuando volé con ella por primera vez, estaba muy triste. Me mostró la guerra de Iraq en la pantalla de televisión. Sostuvo mi mano izquierda con la derecha de ella y una puerta se abrió al fondo de la nave, frente a nuestros pies. Estábamos sentados mirando hacia abajo. Podía ver la Tierra a través de esta puerta y empezamos a enviar energía sanadora al planeta, con las manos. Lo hicimos varias veces, pero la mujer no ha vuelto a mostrarme la pantalla llena de personas que morían porque sabe qué mal me pongo. Fue muy triste.

Otras veces, al recoger a otros niños de la Tierra, la mujer dijo que ellos también podían aprender a enviar energía sanadora al planeta. Estaban muy asustados y les ayudé a sentirse más cómodos. No volé más con ella durante mucho tiempo porque actuar en la Tierra resultaba cada vez más difícil. Así que hablé con ella a través de mi mente y le conté todos mis problemas; me dijo que no volvería a volar con ella nunca más y que, cuando creciera, tal vez volveríamos a encontrarnos. Me explicó también que en mis meditaciones, por medio de la visualización, podía seguir enviando energía sanadora a la Tierra. He enseñado cómo hacerlo a mi mamá y a mi papá. Mi mamá, mi papá y yo fuimos a un taller de quigong y allí nos enseñaron cómo enviar energía sanadora quigong a la Tierra. Es bueno que todos lo hagan. Sé ir a otras dimensiones, pero no las recuerdo bien, es decir, su aspecto. Sólo recuerdo que para llegar a esos lugares volé a través de túneles oscuros. Sé que los planetas de las otras galaxias son de colores diferentes. Son muy bellos. Recuerdo que estuve volando alrededor con otros seres de luz y que fue magnífico. Los otros seres son muy amorosos y allí nunca hay guerra. Creo que esto se debe a que ellos no se ven unos a otros como seres diferentes, sino que saben que todos forman parte de la luz.

Vuelo también muchísimo con las ballenas por todo el universo. Esto me gusta muchísimo. Son muy bellas. Mi papá y yo las llamamos «amables gigantes». No puedo recordar si se comunican conmigo, pero sé que estar con ellas es maravilloso y que proporciona paz. A veces, aquí, en la Tierra, me siento muy nervioso porque presiento la energía que no es buena, y creo que las ballenas me ayudan a sentirme más relajado.

Tuve un sueño sobre cómo sanar con delfines. Estaba caminando por un embarcadero cuando vi a siete delfines que estaban echados en un bote. Con las manos tendidas hacia ellos les envié energía sanadora. Uno de ellos fue capaz de regresar al agua, pero tenía un ancla que lo sujetaba por la cola. Salté al agua, hacia el delfín, que empezó a nadar en círculos hasta desprenderse del ancla. Entonces empezó a cantar, en su mente, una canción bellísima, dirigiéndose a los otros delfines. Creo que fue una canción sanadora, porque los demás delfines en el bote fueron despertándose y todos lograron regresar al agua. Fue maravilloso ver cómo saltaban y nadaban en el agua. Son especialmente cariñosos.

No sé cómo los habían dejado para que murieran en el bote.

Christina: Cuando viajo fuera del cuerpo, me gusta ir a un lugar donde están mis guías. En esta dimensión sigo con mi aspecto de ser humano, pero viajar a otras partes apenas precisa segundos, algo que me gusta, porque detesto esperar. Mis guías adoptan forma de dragones, ya que para mí son una fuente de poder y protección. Percibo la comunicación entre nosotros como vibraciones; es como cuando oyes un idioma diferente, pero lo entiendes sin tener que traducirlo mentalmente.

P: ¿Podemos aprender algo de lo que ha sucedido o está sucediendo en otras dimensiones? ¿Qué? ¿Cómo nos ayudan los viajes fuera del cuerpo?

Christina: Los viajes fuera del cuerpo me ayudan sobre todo cuando me siento oprimida en mi cuerpo físico o cuando no sé qué dirección tomar. Puedo comunicarme con ellos y sé que no me juzgan. Podría ayudar a otras personas con viajes fuera del cuerpo para mostrarles que, además del mundo físico, existen también otros mundos que son lugares bellos donde hay mucho que explorar.

Jasin: No puedo responder a esto. Viajar fuera del cuerpo no es viajar. Es despertar. El hecho de dormirse no existe, porque uno despierta sobre la Tierra, la verdadera Tierra. Una que es muy bonita y apacible.

Joseph: Puedo ver lo que está encima de mí y, sí, una vez estuve no muy lejos de mi cuerpo, pero pude verme. Podía ver a todos y en todas partes. Mientras miraba hacia abajo, podía distinguir los colores de sus auras… Sus colores principales. Podía distinguirme a mí mismo entre la multitud y a unas personas que estaban cantando sobre un tablado en una cafetería. Era verde, el público era azul, y yo era púrpura, pero creo que lo creé en mi mente porque soy capaz de ello. Es así como lo entiendo, así que pienso que esto fue lo que pasó. Creo que estuve fuera de mi cuerpo mirando hacia abajo, viéndolo todo desde un punto de vista diferente.

Scott: Lo que he aprendido es que luchar con algo y declarar la guerra no es la respuesta y que la lógica no puede explicarlo todo. La lógica no es más que una sombra, y según lo que puedo recordar deberíamos poner cosas de nuestra parte para mantenernos positivos… o más. Cuando no lo hacemos, conduce, por lo general, a que sucedan cosas malas.

P: ¿Podemos aprender de los acontecimientos que han ocurrido o están sucediendo en otras dimensiones? ¿Qué? ¿Cómo nos ayudan los viajes fuera del cuerpo?

Scott: Sí, podemos. Podemos aprender modos alternativos de decir lo que queremos en vez de declarar una guerra o ponernos a aullar. Cuando nos suceden cosas malas, viajar fuera del cuerpo nos ayuda a olvidar esas cosas y nos mantiene positivos, siempre y cuando no lo impidamos nosotros mismos.

Ahn: ¡Viajar fuera del cuerpo es asombroso! Me ayuda a no revolcarme en mis penas físicas, me ayuda a mirar hacia fuera y saber que Dios me acompaña siempre, en los niveles más elevados. Tengo unos guías que vuelan conmigo en sueños, y también visito lugares, veo cosas y traigo mensajes. En febrero de 2007, mientras estuve fuera de mi cuerpo, dormida, vi a un hombre que sostenía un periódico en el que, en la primera página, había un buque grande que estaba zozobrado y se hundía, y encima había unos números, que eran 777. No estaba asegura de lo que podía significar esto, pero le conté este sueño a mi mamá y, unos días después, averiguó que Al Gore estaba organizando un concierto S.O.S. *Live Earth* que tendría lugar en los 7 continentes el 7 de julio de 2007 (777) para despertar la conciencia de cómo estamos tratando a nuestra Madre Tierra y de lo que podemos hacer para cambiarlo.

En un sueño reciente estaba con muchas personas, todos reunidos a modo de círculo. Nos rodeaban cientos y cientos de árboles con ojos. Los ojos de los árboles y los de las personas eran de colores brillantes, como anaranjado, púrpura, rojo y amarillo, y algunos eran de un solo color y otros multicolores. En vez de una pupila negra, el centro del ojo era blanco. Cuando mirábamos a alguien a los ojos y luego apartábamos la vista, experimentábamos placer puro o sanación corporal donde lo necesitáramos. Me gusta ver ojos, así que para mí fue un sueño poderoso.

Gabriel: Tengo la imagen de ver un cuerpo en una mecedora. Este hecho me ayuda a recordar que no vivimos para siempre.

Lindsay: Creo que viajo todas las noches al quedarme dormida. No estoy muy segura de recordar mucho de mis experiencias de fuera del cuerpo que hayan influido en mi vida de modo directo, como para ser consciente. Mis principales lecciones dimensionales provienen de las conversaciones que he tenido con otros en esas dimensiones. El viaje de fuera del cuerpo nunca ha sido mi camino preferido. Trabajo más como intérprete de seres provenientes de otras partes.

7

No somos personas corrientes.
Somos personas extraordinarias.
Y ésta es la razón por la que podemos sentir y dar amor
con tanta libertad.
Es uno de esos dones que todos poseen.
La capacidad de amar existe y existirá siempre.

Lindsay

PALOMA
©*LYRICS* DE AHN VAN MENTZ
11 DE FEBRERO DE 2007

Ponte en contacto con tu paloma
para saber más sobre el amor incondicional,
mira a través de ella, más y más,
para magnificar
tu alma poderosa
que siempre ha sido entera.

Al extender mis brazos al vacío,
al sentir dolor en mi costado izquierdo,
mi parte que piensa queda intacta
al sentir un llanto sobre cómo está aplastado,
mis dolores y penas
parecen un juego.

Ponte en contacto con tu paloma
para saber más sobre el amor incondicional
mira a través de ella, más y más,
para magnificar tu alma poderosa
que siempre ha sido entera.

Corriendo por doquier
con miedo de caer,
demasiado asustados para rendirnos,
para abandonar la Copa Olímpica,
para ser libres,
¿por qué luchar?... ¿Simplemente, SER!

Ponte en contacto con tu paloma
para saber más sobre el amor incondicional
mira a través de ella, más y más,
para magnificar tu alma poderosa
que siempre ha sido entera.

¿Qué es el amor?

Amor. ¿Qué es, en realidad? ¿Es una mera emoción, o algo más? Puesto que los seres humanos pasamos toda la vida, o gran parte de ella, buscando el amor, fantaseando sobre él, sintiendo que lo necesitamos y deseamos, ésta podría ser nuestra respuesta al interrogante de quiénes somos. Algunos de nosotros buscamos el amor para encontrar nuestro valor, nuestra realización e infinidad de otras falsedades. El amor ha resultado idealizado hasta tal punto que muchas personas ya no saben cómo se sienten al ser amados de veras o qué es amar realmente a otra persona.

En muchos sentidos, el amor parece haber perdido su profundidad. Se ha convertido en algo más relacionado con cosas y asuntos, e incluso se ha comercializado. El amor se ha alejado mucho de las percepciones románticas e idealizadas que habíamos desarrollado. Para esta autora, el amor es un modo de ser, espontaneidad que nace incondicionalmente de la inocencia de un corazón abierto. El amor es cada partícula de la que hemos sido creados, y cada una de estas maravillosas partículas ha surgido de la luz que nos ha formado. Inherentemente, somos el amor. El amor y nosotros somos uno.

Al viajar por este mundo, y desplazarme de un lugar a otro, he observado que, al parecer, no honramos a nadie que no sea nosotros mismos. Ni siquiera a aquellos a quienes decimos amar por encima de todo. No honramos a las personas en general y muchas veces no sabemos cómo amarnos a nosotros mismos.

Quise que los niños hablaran sobre el amor porque poseen la inocencia que hemos perdido. Sus respuestas sobre este tópico han sido casi unánimes. En realidad, no es asombroso, pero la sabiduría que dimana de su opinión común apunta directamente al corazón y al alma y da al blanco. Fue entonces, al responder a esta pregunta, cuando los niños llegaron a pisar un terreno que me era cómodo y familiar, ¡y sus verdaderas personalidades resplandecieron!

He aquí cómo les planteé la pregunta:

P: ¿Qué es el amor en vuestra vida? En otras palabras, ¿qué es el amor VERDADERO y cómo nosotros, como personas corrientes, podemos incorporarlo a nuestro mundo?

Nicholas: Me gusta esta pregunta sobre el amor. Prefiero responder desde la perspectiva que pueda comprender bien la mayoría de las personas. El amor es lo que sentimos cuando el corazón se nos desborda. No lo digo como algo empalagoso. Simplemente, es el sentimiento cuando nuestro corazón siente alegría, ternura y armonía, todo a la vez. Es el sentimiento que tenemos cuando nuestro corazón se abre por completo al amor, como cuando nace un bebé.

El amor verdadero se siente como cosquillas en los dedos de los pies: se conoce cuando se siente. Es como una inequívoca sensación de resplandor. Nos ruboriza.

P: ¿Cómo se llega a eso, Nicholas?

Nicholas: Podemos incorporar este sentimiento de amor VERDADERO a nuestra vida al percibir primero, conscientemente, nuestra energía de corazón. Llega a través de muchas maneras y nos recuerda siempre que está ahí.

Cuando el corazón nos habla, todo cuanto necesitamos es escuchar. Hablarle, preguntar cómo está. Estar preparados para una respuesta. Esta respuesta es para nosotros una gran lección a seguir. Un diálogo regular, cómo decir al corazón cuánto lo amamos y escuchar nos abre el camino. Por supuesto, hay otros, pero se hallan más allá del contexto de esta pregunta.

P: Para los chicos como tú, uno de los caminos hacia la sanación y el equilibrio es la naturaleza. ¿Cómo podemos aplicar este amor por la naturaleza a la «vida real»? ¿Cómo podemos respetar la integridad de la naturaleza viviendo en el mundo industrializado?

Nicholas: Dios desea que no nos apartemos de ninguno de nuestros propósitos. Si nos alejamos de este propósito, creamos la correspondiente desviación subliminal de la misión planetaria.

Estamos en este lugar y momento histórico por una invención de Dios. Sí necesitamos estar en armonía con esto. Si los humanos escucharan de verdad a la naturaleza, nunca emprenderían nada que vaya en contra del amor por todo lo que es vida. Desde luego, personas como los científicos pueden experimentar, pero debe estar en armonía con la intención original de Dios.

Grandma Chandra: El amor es una emoción que los seres humanos experimentan. El amor VERDADERO proviene de la fuente o del Creador.

P: ¿Cómo podemos experimentar la diferencia?

Grandma Chandra: Podemos experimentarla abriendo nuestras chakras coronarias para recibir este amor y enviarlo a todos los seres por medio de nuestras chakras de corazón.

P: Jude, ¿qué haces para acordarte de que tienes que experimentar el amor verdadero en oposición al idealizado?

Jude: Cuando necesito acordarme de cómo es el sentimiento VERDADERO del amor, hago un ejercicio de visualización. No es que desconozca el sentimiento, sino que utilizo mi capacidad de visualización para atraerlo a mi ser de la manera más fácil posible. Cierro los ojos y recuerdo el pasado, cuando me sentía solo y deprimido como un alumno novato en el instituto.

Estaba solo en el dormitorio y no tenía a nadie en quien confiar con quien compartir el tiempo. En aquella época de mi vida, el amor con otra persona me parecía inconcebible. Entonces, aunque se suponía que no lo debía hacer, ¡salí y busqué un gatito! Recuerdo aquel primer día cuando salí a buscar al gatito apropiado; tenía que ser libre. Y allí estaba, el último que quedaba de la camada. Supe que estaba destinado a ser mi compañero y al amor del que carecía entonces.

Para llegar al amor verdadero todo cuanto tengo que hacer es retroceder en mi mente a aquel día y visualizar lo que sentí al sostenerlo en mis manos y mirar su diminuta y peluda carita; lo llamé Spatz. Éste fue el sentimiento «ahhh» que me llegó al corazón aquel día, y éste fue también el sentimiento del amor verdadero e incondicional. Es el amor verdadero. El que no juzga y es totalmente incondicional.

P: Así pues, una vez que tenemos amor, ¿cómo lo traemos al mundo?

Jude: Mientras estos dos componentes no estén en perfecta unión, no podemos saber si se trata del sentimiento de amor verdadero, o al menos es así como lo veo. Para traerlo a este mundo con mayor rapidez y frecuencia tenemos que dejar de juzgar a otros, dejar de poner condiciones al amor que recibimos y damos a otros, y estar completamente abiertos a todos los tipos y formas que el amor pueda adoptar.

El amor no es perfecto; sin embargo, si uno vive en el amor y para el amor, se acerca más a esta chispa perfecta que es el Creador y al lugar donde se originó: este amor puro, verdadero, real y divino.

P: ¿Sientes que existe alguna manera de que todos podamos llegar a lo que es el amor incondicional?

Jude: En el momento actual no existe ningún modo de hacer que la mayor parte del mundo sea capaz de despertar a este amor, a no ser que se produzca un terremoto que nos haga a todos olvidarnos de nuestro color, religión, e incluso diferencias. Debemos celebrar la semejanza que compartimos todos como género humano y entonces, sólo entonces, podremos formar un todo único con el universo y la Tierra.

Cuando tu corazón vibre y envíe su lenguaje por todo el cuerpo, como el calor del hálito de la vida misma, entonces conocerás el sentimiento del verdadero y único amor universal.

Weston: El amor es el arquetipo de la perfección absoluta. Es cuando eres tú mismo, porque entonces has *reconocido* tu perfección, y francamente, la perfección no puede ser algo menor de lo que es, porque proviene de Dios, el Creador.

El amor no es una mera noción romántica. Este tipo de amor es puramente emocional. El amor es, en realidad, un modo de ser.

El *estado* del ser. Si niegas tu verdadero ser, niegas la verdad de aquello que eres. Eres mucho más de lo que piensas. Eres eterno; nacido de la Creación, contribuyes al Uno que da constancia a cuanto vive.

P: ¿Cómo podemos llegar a eso?

Weston: Cuando te has *convertido* en amor, has aceptado tu lugar dentro del uno. Y esto es contagioso. Cuando vives como amor, todo cuanto suceda a otras personas empieza a entrar en correspondencia contigo. Ellos ven y sienten tu luz. Y no pueden evitar que la suya se encienda también. El problema es que algunas personas piensan que mostrar su luz los hace vulnerables, así que no lo hacen. La verdad es que mostrar tu luz significa que has eliminado tus vulnerabilidades, y es entonces cuando eres verdaderamente tú.

Para llegar al amor verdadero hay que *ser* amor.

Tristan: El amor procede del corazón. A veces me siento enfadado y triste, y la energía queda estancada en mi cuerpo; entonces no estoy de buen humor.

P: Entonces, cuando esto sucede, ¿cómo retornas al amor?

Tristán: Meditar o hacer quigong me ayuda a recordar la energía amorosa que llevo dentro. Es posible que esto pueda ayudar también a otras personas a ser más amorosas.

Peter: El verdadero amor se produce cuando no odias a nada ni a nadie y todo es bueno. Simplemente, ser positivo y evitar pensamientos negativos.

P: ¿Y tú, Christina?

Christina: El amor verdadero es el sentimiento de alegría y vínculo con todo y con todos. El amor verdadero ha de ser un amor incondicional, cuando no se juzga y cada aspecto de la vida se acepta, se aprecia y es bello. Para incorporarlo a tu vida, simplemente tienes que ser agradecido por lo que tienes y por lo que vas a tener. Trata de verlo todo por su lado positivo; por ejemplo, si no puedes hacer un trabajo en casa, sé consciente de que tienes un hogar y que muchas personas en el mundo no lo tienen.

Jasin: *Somos* el amor. Todo es amor. Esto se aplica a cualquier cosa. No tenemos que incorporarlo porque ya está en nosotros. No podemos dejar de tenerlo. El cable que nos conecta mientras dormimos es como un satélite. Mientras dormimos nos cargamos de amor y, al despertarnos, lo enviamos. Lo hacemos siempre, pase lo que pase.

Joseph: El amor nos afecta al proporcionarnos alegría y felicidad cuando enviamos amor incondicional incluso a aquellos que no nos caen bien. Esto envía más amor por el mundo y le ayuda a ser un lugar más pacífico con más verdad, honestidad y amor. Así que es algo muy grande.

P: ¿Scott?

Scott: No sé cómo responder a esto.

Ahn: Para traer amor a este mundo primero tenemos que amarnos a nosotros mismos, y cuando el amor se desborda, somos capaces de dar amor, y como nadie puede retenerlo, el amor fluye eternamente, fluirá por toda la Madre Tierra y el Padre Cielo.

P: Gabriel, ¿qué es el amor verdadero?

Gabriel: El amor es cuando puedes ver dentro de las cosas lo que es importante. Todos necesitamos aprender lo que es la belleza interior y cómo la belleza de otras personas nos habla. Cuando amamos, aquello que las personas tratan de decir se refleja en nosotros.

Lindsay: Creo que haces unas preguntas que no se pueden responder… ¿Amor *verdadero*? Repito, es un sentimiento que no se puede expresar con palabras. Es un picnic durante un día de verano; son esas maravillosas galletitas que hornea tu abuela; son esos fuertes, fuertes abrazos que sólo tu papá sabe dar y esos dulces y tiernos abrazos de tu mamá; es tu primer beso y tu último baile. El amor está por doquier y lo es todo. El amor no es mera-

mente un momento romántico y dulce entre dos personas. Es tomar café a las cinco de la mañana con tu pareja,
o comer postre de chocolate junto a una chimenea.

No somos personas corrientes. Somos personas
extraordinarias. Y por eso podemos sentir y dar amor con
libertad. Es uno de estos dones que todos tenemos. La
capacidad de amar existe y existirá *siempre*.

8

La mejor manera de no desviarte de tu camino
es vivir con la verdad.
No de alguien más, sino la tuya.

Weston

Para sentirse realizado

En el mundo actual hemos perdido la sensibilidad. Nos asalta tanta información y con tanta rapidez que apenas tenemos tiempo para procesarla conscientemente antes de que llegue la oleada siguiente.

El mundo entero se ha tornado competitivo y, con internet y los medios masivos de información, poseemos una descripción de todo cuanto acontece en cualquier parte del mundo, en cada minuto, en cada instante del tiempo real. A veces, la cantidad de información crea tanto drama que nos abruma por completo.

Se nos impulsa a hacer más, a ser más. Los anuncios que vemos en cualquier medio de información nos dicen que si tenemos esto o somos como aquello, tendremos éxito. Nos hemos convertido en un mundo de quienes tienen y quienes no tienen. Existe un enorme abismo entre ambos, y ninguno de los dos extremos del espectro parece realmente afortunado. Cada cual busca lo que no posee y, en la mayoría de los casos, lo que no posee es el sentimiento de su propio yo. Han perdido su pasión y desconocen quiénes son en su interior porque les abruma mucha información.

Todo esto conlleva un sentimiento de vacío. Como si la vida careciera de algo.

Percibo que la mayoría de las personas buscan lo que les pueda satisfacer y tratan de averiguar quiénes son en este vasto y veloz mundo. En su mayoría, todos sólo desean conocer la verdad y cómo identificarla, pero con toda la información que recibimos, esto puede ser muy difícil de reconocer.

En mi humilde opinión, la solución a este problema se encuentra en dejar de buscar en el exterior y mirar hacia dentro de nosotros mismos para conocernos, averiguar cuál es nuestra verdad interior, nuestros miedos y deseos. Se trata de aferrarnos a la perfección que llevamos dentro, de la que hemos sido creados y, por último, aceptarnos tal y como somos, lo que somos y lo que pudiéramos llegar a ser a lo largo de los muchos miles de nuestros viajes internos. Suelo decir a las personas la palabra que ha de cambiarles la vida: «acepto».

Esta palabra no puede proceder de la mente, sino del corazón. Lo que he comprendido en algún momento por el camino es que realizamos muchas de nuestras sanaciones a partir de la cabeza, desde una perspectiva mental, pero que esa sanación nunca llega a producirse en los niveles más profundos, porque no proviene del corazón. De hecho, el único modo de llegar a la perspectiva de nuestro corazón.

Se me ocurrió preguntarles a los niños cuáles eran sus percepciones en cuanto a este tema.

P: Hoy en día, las personas se sienten vacías por dentro como si carecieran de algo. ¿Cómo pueden volver a entrar en contacto con esa parte suya que, en realidad, nunca se ha perdido?

Nicholas: Entiendo que muchas personas se sienten vacías a causa de su desilusión con su verdadero yo. El verdadero yo es aquel que han venido a conocer aquí, pero se han apartado de su núcleo, por distracción. Si observamos el núcleo de cualquier ser humano, veremos la esencia del amor tal y como sólo un bebé puede conocerla.

He conocido mi núcleo como el centro y el designio sagrado de Dios. Veo que es el lugar donde el amor de Dios me impregna y unge. Es el sitio sagrado a partir del cual mi cuerpo se ha manifestado. Si podemos dejar claro que la Fuente Sagrada de Energía es un surtidor constante e inagotable que hemos de conocer, podremos estar más seguros de que este amor existe siempre para todos nosotros.

Mi consejo para todas las personas que desean salir de su estado de vacío y depresión es que vuelvan a acudir a la Fuente de Energía de la que todos procedemos. Creo que los sentimientos de vacío pueden desaparecer si todos vivimos en sintonía con la glorificada energía de Dios.

Jude: Esto significaría descubrirnos a nosotros mismos y la chispa divina que está dentro de todo cuanto es vida. Es preciso adueñarnos de las fuerzas interiores, aumentarlas y utilizarlas para atraer la realidad y los pensamientos de Dios y nuestro yo superior al reino físico de la Tierra y al universo. Todos los que se sienten vacíos deben tratar de emprender un viaje interior.

Se tiende a recurrir a las religiones. Sin embargo, según mi punto de vista y lo que siento, éste no es el camino. Es un buen comienzo. No obstante, se precisa investigar y buscar en muchas religiones para obtener, entre todas ellas, un sentimiento equilibrado de la verdad. Sólo con una fusión de las verdades de todas las religiones existentes en el planeta es posible iniciar, por medio de las actividades de autoexploración, la búsqueda interna de las verdades divinas y establecer un vínculo con el yo superior y con el alma.

Las personas necesitan descubrir sus propósitos y sus pasiones ocultas en esta vida. Precisan aprender el amor incondicional y mirar a todos los seres y la vida con los mismos ojos de quien no juzga. No existe ninguna religión que pueda mostrarte a Dios o a ti mismo. Tú eres la única religión que puede proporcionarte la verdad. Todos tenemos en nuestros pensamientos y almas las semillas del universo. Actualmente, estas semillas están sin regar y se van perdiendo.

Éste, a mi parecer, es el vacío que la gente siente. Es que no están en el camino correcto, no están cumpliendo su propósito en la vida, no se han descubierto a sí mismos o su verdadera razón de estar aquí y AHORA. La parte de su ser que necesitan descubrir es su yo superior, su yo del alma y su unidad con lo divino como una semilla del Creador. Mientras no lo descubran y no dediquen la mayor parte de su proceso de pensamiento y energía a este descubrimiento de su propio yo, seguirán con esta sensación de vacío que conduce a graves niveles de depresión y a actividades autodestructivas.

Incluso así, muchos acudirán a la religión y, en el peor de los casos, a cultos; sin embargo, insisto que percibo y siento que ésta no es la respuesta. La respuesta está en el yo y en el vínculo individual personal con el Creador. La respuesta está en el descubrimiento del propósito. Vivir tu vida con propósito, dignidad, reverencia e intención: éstas son las respuestas a los interrogantes del proceso de autodescubrimiento que se conoce como la vida humana. Esas personas no utilizan sus emociones para descubrir la unicidad del género humano. Se mantienen dormidos, y esto es lo que origina su depresión. Es preciso ejercitar el músculo de la manifestación de la realidad y del autodescubrimiento, y entonces el vacío disminuirá y el propósito ocupará su lugar.

Weston: Las personas piensan que se sienten vacías porque no se acuerdan de que ya son perfectas y que ya tienen todo cuanto necesitan. Los valores han cambiado, y lo que la gente piensa que es importante no es más que parte de la ilusión.

La ilusión es que los logros y los individuos son importantes. Que no hay nada más importante que la autorrealización, que conduce al vacío, porque esto no es cierto. La verdad es que lo que todos buscan ya está dentro de ellos. La verdad es que el vacío no existe. Éste es tan sólo una percepción. Cuando las personas buscan fuera de sí mismas lo que desean, sólo se encuentran con opiniones de otras personas.

Esas personas han tomado decisiones basadas en sus experiencias, y pueden no ser las más acertadas. Pero cualquier cosa que hayan hecho fue su verdad en aquel momento.

Incluso si obtuvieron éxito, esto no significa que alguien más lo consiga también, porque quizás ésta no sea la dirección que su vida deba tomar. O tal vez lo hagan simplemente porque alguien más lo ha hecho. Cuando las personas actúan así, se buscan problemas.

La mejor manera de no desviarte del camino consiste en vivir con la verdad. Y no la de alguien más, sino la tuya propia.

Peter: ¡Autoexploración y meditación!

Christina: Encontrar algo que te gusta hacer o un lugar donde te gusta estar, físico o no. El amor por la vida puede cambiar el modo de verlo todo; el amor puede llenarte de alegría, y ésta es una de mis experiencias favoritas. Cuando ejecuto maniobras a caballo, adoro cada uno de estos instantes. El sentimiento de mantenerme vinculada al caballo y los movimientos regulares, el viento en mi piel y el conocimiento de que es bello y natural.

Rhianna: Las personas que se sienten vacías deben creer en sí mismas y tener fe.

Jasin: Abren la caja, practican y luego, ¡bam!, ya lo tienen. Sólo necesitan usarlo.

P: ¿Qué?

Jasin: El amor…

Joseph: Creo que a las personas que se sienten vacías lo que les falta en la vida es el amor, y esto se debe en parte a que ellos tampoco lo han manifestado. El hecho de no haber manifestado un amor incondicional y de expresar tantas cosas como quejas, como pensar sólo en la parte mala, les hace creer que nadie les ha dado tanto amor como pudieran tener. Pero en realidad no lo saben.

Scott: No estoy seguro. Si crees que está aquí, es que está…

Ahn: Cuando las personas se sienten vacías por dentro, lo que sienten es una ilusión, porque siempre, desde el comienzo han sido un todo. Lo que hago para entrar en contacto es cantar mi mantra y meditar. Y hacer lo que me gusta, lo que amo profundamente, con todo mi corazón y alma.

Gabriel: Desconecta el televisor, sal fuera y conversa con los vecinos y los árboles.

Lindsay: Me he preguntado con frecuencia cuál es la solución para el vacío. Pienso que lo que hay que hacer es buscar. Es fácil encontrar algo que no haya desaparecido; sólo hay que sentir deseos de encontrarlo. Y creo que algunas personas temen saber quiénes son en realidad.

Tristan: Tenemos mucho amor por dentro, y, si lo compartimos con todos, veremos que nunca nos sentiremos vacíos. A veces veo a la gente con una expresión de infelicidad en el rostro. Si sonrío y me devuelven la sonrisa nos sentimos bien por dentro y llenos de amor. Hace un par de días, mi mamá, mi papá y yo estábamos conversando mientras esperábamos para comprar agua. Había un hombre simpático delante de nosotros, se volvió y nos miró con una gran sonrisa. Todos le sonreímos y nos sentimos bien. Cuando veo a personas sin hogar en la calle, hago el signo de reiki y les envío energía. Espero que esto les ayude a sentirse mejor.

9

Dios no es religión.
Dios no es un personaje severo que nos castiga
por hacer algo malo.
Nosotros mismos nos castigamos bastante,
sin que Dios tenga que hacerlo...

Weston

A veces oigo voces oscuras.
Es porque vivo en la luz, y hay cosas que tratan
de ponerme a prueba y alejarme de la luz,
pero esa oscuridad no es Dios.

Gabriel

LLAMADA A TODOS LOS ÁNGELES
DE JUDE DECOFF
©JUDE DECOFF, 2007

Invoco a mis ángeles
Y acuden sin vacilación ni orgullo
Están aquí para ayudar, sanar y asombrar
Escuchan mis gritos cual si fuera trueno
Mis gritos producen eco en la noche
Los ángeles vienen a liberarme del miedo
Siento las alas de su herencia angélica
Tratan de ayudar sin importarles mi linaje
Conocen al Padre, al Divino Creador
Piden que no olvide la pérdida, el dolor
Y, cuando susurran a mi oído,
Se produce una sublime sanación
Hay que esperar un minuto, una semana
Un mes o un año
Y mientras dure este tiempo, este juego de esperar
Hay que ser capaz de recuperar
El poder personal de pensamientos y flores
La belleza de la vida está en las batallas
De conflictos
El Ángel sí ha dicho: sé muy bueno
Libera tu dolor, tus conflictos y penas
Libéralos todos para que los acoja lo divino dentro
de mí
Los enviaré a Dios
Y verás la solución.

Dios es...

¿Quién o qué es Dios? ¿Lo sabe alguien? ¿Cómo podemos reconocer algo o a alguien que nunca hemos visto? ¿Cómo podemos saber si Dios existe? Y si existe, ¿cómo se aplica Dios a nuestra vida, nuestros viajes como seres humanos, al amor que buscamos con todas las fuerzas de nuestro corazón?

El concepto de Dios es algo personal. Es esencialmente vital para muchos: sus creencias y es la idea de lo que Dios desea la que los guía y llena. Para otros, es un interrogante nada claro, tan difícil e intangible que no es posible comprenderlo, pero debe de haber *algo*... Alguna fuerza superior que rija nuestras experiencias y nos dé vida. Muchos se empeñan en complacer a un Dios vengador, mientras que otros se aferran al ideal de un Dios amoroso que los proveerá de todo, y hay mártires idealistas que mueren por su Dios.

¿Es Dios algo más de lo que nos han enseñado a creer? En el transcurso de nuestra historia, los documentos sagrados, las narraciones verdaderas del Antiguo y el Nuevo Testamento se han modificado según la conveniencia de los poderosos de cada época, como cuando Constantino hizo traducir la Biblia de acuerdo con sus propios gustos y propósitos. En otros tiempos, a los gnósticos se los consideró herejes, y ocultaron sus bibliotecas y recopilaciones de antiguas enseñanzas en cuevas, a fin de protegerlas. En la década de 1940, en Qumrán, algunos de esos documentos fueron descubiertos dentro de unas vasijas de cerámica. Contenían traducciones fieles de los Evangelios que no formaban parte de la versión moderna de la Biblia.

También fueron descubiertos otros documentos que están en franca contradicción con las versiones comúnmente aceptadas de la Santa Biblia.

No estoy en posición de juzgar quién tiene y quién no tiene razón, o en qué debemos creer. Pero es probable que en nuestra historia haya más de lo que se nos ha enseñado. Por ejemplo, durante mi propio despertar, tuve muchas visiones de formas geométricas que flotaban ante mí. Descubrí que cuando proyectaba mi consciencia al interior de estas formas, absorbía diversos aspectos de conocimiento.

Eran experiencias intensas, ya que aprendía no sólo conceptos completos, sino también cada detalle de ellos, todo a la vez. Lo llamaba en broma «aprender por ósmosis». Gran parte de la información se podía verificar, mientras que otra se hallaba tan alejada de toda ciencia mesurable que se parecía más a un «recordar con cuerpo entero». En el Evangelio de la Verdad, una de las escrituras descubiertas en Qumrán en la década de 1940, había un párrafo que describía lo mismo que experimenté *más de 2.000 años más tarde.* Fue entonces cuando exclamé: «¡Vaya!», y comprendí que somos mucho más de lo que sabemos.

El tema de Dios es muy personal. No me atrevería a decidir lo que es correcto o incorrecto para nadie y dejaré que cada cual identifique sus propias creencias.

Para el propósito de este libro, pregunté a los niños acerca Dios. Creía que tendrían respuestas indiscutibles, ya que hablan con pureza, no juzgan y carecen de prejuicios. Sus respuestas son asombrosas.

P: ¿Quién es Dios? ¿Es Dios una persona o algo más? ¿Cuál es nuestra relación con Dios? ¿Es esta relación lo mismo que la religión o algo más?

Nicholas: Desde mi punto de vista, Dios o la Energía Original del Creador es el santuario interior de mi preciado ser. Es la esencia y el tejido de mi vida. Dios es lo que siento que veo ante todo cuando miro mi vida. Es una presencia que reconozco a través de mi comunión con todas las cosas. Lo que más me maravilla es la accesibilidad de Dios para nosotros en todo momento. Esta presencia omnipotente y omnisciente sólo pide que la honremos como tal para que recibamos la ayuda del Altísimo. Honrar significa dar crédito, amar y respetar su gloria. Para mí, Dios está dentro del núcleo de nuestro ser y también fuera, como parte de la consciencia divina de todo, y desde luego no se le puede describir como una persona. La magnitud de Dios es mucho más que esto.

Nuestra relación con Dios cambia sin cesar a medida que influimos directamente en toda la creación con nuestros hábitos destructivos. Ya ves, a medida que devaluamos la Tierra, en cada momento que pasa, alteramos el honor y el respeto que debemos a la Fuente de Energía Creativa que formó nuestro planeta. La solución es abrir nuestro corazón y llenarlo con amor y respeto a la hora de encontrarnos y tratarnos unos a otros. El campo de energía de la Tierra capta este amor y respeto que mostramos unos a otros y nos lo devuelve a través de su reverberación.

P: ¿Tiene algo que ver la ciencia con Dios?

Nicholas: La relación entre la ciencia y la religión constituye una unidad directa de partículas cohesivas en todos los niveles. Con esto quiero decir que, en el nivel más infinitesimal, las partículas se reconocen unas a otras y son capaces de obrar con sus diversos niveles de vibración a través de la Consciencia Única. Por un lado, los científicos pueden pensar que sólo ellos trabajan con hechos concretos, datos y experimentos, y, sin embargo, la verdad es que todo el planeta Tierra está trabajando simultáneamente con hechos concretos, con datos y con experimentos. Por tanto, la Tierra entera, de manera global, es un experimento científico para los ojos y la mente de Dios. Así que, como puedes ver, existe una relación entre la ciencia y la religión, que van paralelas, aunque también la religión (Dios) es un observador de la ciencia (el planeta Tierra).

P: Nicholas, ¿cómo pueden conocer los científicos el designio original de Dios?

Nicholas: Eso ya se produce. Por ejemplo, incluso si los científicos se desvían, de todos modos se mantienen en su rumbo. Al final, tienen que reconocer el error de su procedimiento. «Dios» sigue hablando en voz alta y, al fin y al cabo, se hace oír.

P: Grandma, ¿quién es Dios?

Grandma Chandra: Dios es la Fuente de Luz (Conocimiento); es una energía, no una persona. Somos parte de Dios, de energía, de luz; somos un alma única. Algunas personas llaman a esto religión. Otros dicen que es una reunificación con la Fuente Creadora por medio de la ascensión.

P: ¿Jude?

Jude: Nosotros somos Dios. Dios es cada molécula y cada pensamiento intangible. Dios es cada palabra escrita o pronunciada por todas las especies y seres sensibles en todo el universo. Dios es un diamante. Somos facetas de este enorme diamante, y todas nuestras vidas, pasadas, presentes y futuras, son la luz que destella de esas facetas. Somos Dios en la misma medida en que lo es el teclado en que estoy escribiendo en este momento. Es la unicidad y es un concepto paradójico, y es en esta paradoja donde radica la existencia de Dios.

P: ¿Sientes que Dios es una persona?

Jude: En mi opinión, Dios no es una persona. Percibo a Dios como una fuerza que se conoce como el Orden Divino. Procesos de pensamiento de Dios hacen surgir galaxias. Dios ideó la Tierra y ésta cobró existencia.

P: ¿Y la religión? ¿Cómo se relaciona con el concepto de Dios?

Jude: La religión es un intento de la humanidad de explicar lo inexplicable que se conoce como Dios. La religión se creó más bien para controlar por medio del miedo, por ejemplo, el miedo al infierno, que, según mis creencias, no existe. Esta imposición y control se utilizaron para asustar a la gente, cuyos verdaderos conceptos y creencias sobre Dios fueron prohibidos y tachados de paganismo y brujería.

En nuestro mundo, durante la revolución religiosa, cuyas etapas, en mi opinión, se iniciaron con el descubrimiento de América, las religiones protestantes, los jesuitas y los conquistadores españoles desafiaron y combatieron las antiguas religiones de los pueblos del mundo que vivían más con los pies en la Tierra, tales como los aztecas, los mayas, los incas, los druidas, los paganos y otras religiones no seculares que, en aquellos tiempos específicos de la historia mundial, no pudieron soportar la estructura y el poder de las ramas católica y protestante.

Fue entonces cuando la Iglesia, el dinero y el gobierno se fusionaron de tal manera que el pensamiento, e incluso, hasta cierto punto, la sola mención de Dios se apartó a un lado, y otros asuntos, mundanos y monetarios, se pusieron por delante, y la imagen de Dios se vio mancillada por nuestra avaricia y afán de expansión. Explorábamos nuevas tierras, áreas y riquezas, y, sin embargo, nunca exploramos nuestro propio interior. Sin conocernos y amarnos primero a nosotros mismos, en nuestra propia integridad, es imposible amar a otros, ni tan siquiera a Dios.

Dios está siempre contigo, y amarte y conocerte a ti mismo es amar y conocer a tu Creador, a quien se le conoce como Dios. Mi relación personal con Dios es más íntima hoy que cuando se me obligaba a asistir a la iglesia todos los domingos y a «ser un buen católico». Creo que descubrir a Dios y a mí mismo simultáneamente es la única manera de conocer el verdadero significado de la Divinidad y de todo lo que existe.

Sin tener firmes tus propias creencias y autopercepción consciente jamás conocerás al verdadero Dios. El Dios del que hablan las religiones varía en gran medida entre la mayoría de las religiones existentes sobre la faz de la Tierra. La espiritualidad es mejor camino para llegar a Dios que la religión. La religión y las guerras «santas» han destruido el verdadero significado y la imagen de Dios en nuestra sociedad actual. Cada religión posee una verdad sustancial real; sin embargo, ninguna de ellas abarca lo que significan realmente Dios y la evolución espiritual.

Para mí, la religión se ha destruido, y las creencias personales y la fe la reemplazan en nuestra revolución espiritual en nuestros senderos personales hacia nuestro Dios. Cuando digo «nuestro Dios», me refiero realmente a Dios, ya que hoy en día sólo un Dios pleno es la visión de Dios para toda persona consciente en el planeta, así como en el universo.

P: Weston, ¿quién es Dios?

Weston: Dios no es religión. Dios no es un severo personaje que nos castiga por hacer algo malo. Nosotros mismos nos castigamos bastante, sin que Dios tenga que hacerlo. Las personas se asustan cuando viven experiencias que no han sido buenas, o no se permiten tener experiencias sólo por falta de valor, por miedo de equivocarse. El uso del concepto de Dios Todopoderoso sólo proporciona a la gente una excusa para no ser libres internamente o aceptar que tienen opciones diferentes de las que puedan ver o experimentar.

Puesto que *somos* perfectos *somos* Dios. «Dios» es una palabra que trata de definir nuestra fuente. Esto es imposible, ya que nuestra fuente es un infinito campo de energía que se manifiesta como luz. Esta luz está dentro de nosotros, en cada célula de nuestro cuerpo, y podemos surtirnos de ella.

Cuando rezamos, en realidad rogamos a la luz que nos diga qué es lo que deseamos o necesitamos. La luz responde y la realidad cambia. Llevamos dentro a esta luz. Actúa en respuesta a todo cuanto hacemos. Cambia nuestra realidad a base de todo cuanto creemos.

La gente personifica a Dios para tener una deidad que pueda entender en términos humanos, pero es mucho más que eso.

Lo más maravilloso es que toda la realidad está dentro de nosotros. Estamos codificados en función de cualquier posibilidad imaginable. Todo cuanto tenemos que hacer es imaginarla, y se convierte en realidad. Siempre y cuando lo creamos así.

Así que lo fundamental es que todo es una opción. Vida, amor, felicidad. Para dirigirnos a Dios dentro de nosotros, al Dios que somos, tenemos que liberarnos de nuestros miedos, respirar y comprender que estos temores son infundados, que formamos parte de la perfección y, por tanto, somos perfección.

P: ¿Tristan?

Tristan: Para mí, Dios es luz y energía, muy amorosa y apacible, y esta energía está en todos y en cada ser viviente.

Rhianna: Dios es el Creador del universo entero y, *en cierto modo*, es algo más que una persona. Nuestra relación con Dios es más que una religión.

P: Jasin, ¿tú qué crees? ¿Quién es Dios?

Jasin: Dios es todo. Dios es todo cuanto ha existido, existe y existirá. Nuestras almas se relacionan: nuestra alma es Dios.

P: ¿Y la religión?

Jasin: La religión es algo que no existe. No te enseña nada. Tienes que aprenderlo todo por ti mismo.

Joseph: Creo que Dios no es una persona, sino la energía que nos rodea. Creo que nuestra relación con Dios es la energía que nos proporciona la fuerza que necesitamos para hacer lo adecuado. Para dar valor al corazón. Para enseñarnos la verdad de modo que podamos mostrar Su verdad. Pienso que la religión es un modo de acercar a Dios a nuestra vida. Creo que sí, la religión es un modo de relacionarnos con Dios y considero que esto es todo cuanto tengo que decir sobre este tema.

Scott: Dios es quien nos ha creado aquí sobre la Tierra, pero es como sobre Montanui, donde tienen un dios que, para explicarlo, hacen lo mismo que aquí. En lo fundamental, Dios es el creador de todo cuanto es vida. Y es algo más.

P: ¿Es esta relación lo mismo que religión o…?

Scott: Es evidente que no es lo mismo que la religión... pero... es imposible de describir.

P: Ahn, ¿Es Dios una persona?

Ahn: Decididamente, Dios es más que una persona; Dios es todo; en especial, es un amor intenso e incondicional. Somos chispas de Dios, así que nuestra relación es estrecha: estamos muy vinculados. Dios, o Todo-Lo-Que-Es, lo cohesiona todo, mientras que la religión parece separarlo. Así que, para mí, una relación con Dios no es lo mismo que la religión.

Gabriel: Dios es algo y a la vez no es nada. Dios es nuestro reflejo. Cualquiera puede creer en Dios como un reflejo, incluso si no cree en religiones. Dios no es una persona, ni energía, ni luz, sino sentimiento. Dios es muy real y muy vivo. Dios es como esos cuadros fotomosaicos. Todas nuestras almas juntas forman un cuadro que configura a Dios.

P: ¿Cómo te relacionas con Dios?

Gabriel: El pedacito de mi alma en Dios está en la parte que es el sentido del humor. Dios nos envía señales siempre. Nuestra obligación es averiguar dónde están las señales y qué son. Dios nos ha puesto aquí para que luchemos contra nuestra avaricia y nuestros deseos. Apela a lo mejor de nosotros. Dentro de mí, a Dios le gusta oír cómo la gente se ríe. Cuando más percibo a Dios es mientras duermo y sueño con ser feliz.

P: ¿Y qué hay de los ángeles?

Gabriel: Siento el calor de los ángeles por doquier. Los ángeles son como una sensación agradable en nuestra columna vertebral; lo opuesto a ese temblor en la columna que aparece cuando algo nos asusta. Creo que los ángeles se encuentran en todas partes; no hay lugar que traten de evitar.

P: Lindsay, ¿quién es Dios?

Lindsay: Dios… es nosotros, es amor, es quienquiera y cualquier cosa que quieras que sea. Dios es una persona, porque somos personas; sin embargo, Él es una entidad, como lo somos nosotros. Dios es la hierba en tu patio que siempre está allí, es ese perro que tiene miedo cuando truena. Dios es tu vecino y tu mejor amigo. Dios está en todas partes porque el amor está en todos los lugares.

Dios está en cada religión, en cierta manera, configuración o forma. Dios asiste a la iglesia los domingos, celebra Sabbath al anochecer de los viernes y hace peregrinaciones a La Meca. Nos relacionamos con Dios porque Él es nosotros. Y afrontémoslo, es imposible relacionarse con nadie más de lo que uno se relaciona consigo mismo.

10

Para morir, primero hay que vivir.
Los humanos tienen tanto miedo a la muerte
que con frecuencia se quedan paralizados,
incapaces de poner un pie delante del otro
a fin de participar en el viaje
para el que han venido.

Weston

La muerte es...

¿Qué es la muerte? ¿Morimos realmente? ¿Es así y esto es todo? ¿Una vida y luego el fin? ¿O hay algo más? ¿Adónde vamos? ¿Existe algo que sucede a continuación? Cada religión, cada filosofía posee una creencia acerca de la muerte. Algunas incluso se valen de la amenaza de la muerte como medio para controlar a otros.

Lo seguro es sólo esto: vivimos para morir. Nos prestan los cuerpos para la experiencia de la vida. En última instancia, llega el momento en que tenemos que abandonarlos. Gracias a las experiencias cercanas a la muerte hemos aprendido, o hemos oído hablar de algo que sucede cuando salimos de nuestra existencia terrenal. Hay un túnel y, al final de este túnel hay una luz brillante. Podemos ver a otras personas a quienes conocemos o con quienes nos relacionamos en esta vida. Es posible que un grupo de personas o seres nos escolten hacia donde debamos ir a continuación.

Algunos dicen que pasamos revista a nuestra vida, que sentimos las experiencias de todos aquellos con quienes nos encontramos y con quienes interactuamos desde sus puntos de vista. Esta posibilidad puede, por cierto, hacernos ver desde una perspectiva totalmente nueva cómo tratamos a otras personas. Saber que pasaremos por una revisión de la vida en la cual tendremos que experimentar todos los sentimientos de otras personas (de las que somos responsables) nos hace saber que podríamos desear tratar a los demás mucho mejor de lo que quizás lo hayamos hecho hasta ahora.

Pueden suceder también otras cosas. Imagino que el proceso de morir se parece mucho al de salir a la superficie después de un buceo profundo. Mientras vamos ascendiendo desde la profundidad tenemos que detenernos a cada rato para reducir la presión de los oídos con el fin de que el cuerpo se acostumbre al cambio de presión bajo el agua.

De modo similar al buceo, cuando morimos, ascendemos de nuevo hacia nuestra fuente, un nivel tras otro, deteniéndonos para adaptarnos y procesar lo que hemos aprendido mientras nuestras vibraciones se aceleran volviendo a los niveles etéreos. A medida que vamos saliendo de la existencia densa, nos tomamos tiempo para adaptarnos a las vibraciones más altas.

Los niños se acuerdan de cuando estaban con Dios (a quien la mayoría de ellos describen como energía o luz) y elegían cuidadosamente a sus padres, cuándo y dónde, y otros detalles de su próxima reencarnación. Familiares no directamente relacionados con ellos y otras personas cuentan estas historias con demasiada frecuencia como para que no sean ciertas. Los recuerdos de los niños suelen desafiar a los sistemas de creencias de los adultos y sus antecedentes religiosos; no obstante, sus historias suelen ser coherentes y los detalles son innegablemente similares, incluso idénticos.

Deseaba que estos seres dotados me explicaran: ¿qué sucede cuando morimos? Al mismo tiempo, no quise influir para que se dirigieran a una dirección específica, así que les pregunté:

P: ¿Qué es morir? ¿Adónde vamos?

Jude: Morir no es más que la fase siguiente de la existencia de nuestra alma. Vamos al otro lado, a un área en el cosmos similar a una sala de espera. Luego nos dirigimos a la ciudad de cristal para pasar una revisión completa a toda nuestra vida. Es parecido a lo que he explicado sobre mi experiencia de fuera del cuerpo. Sin embargo, desde mi experiencia de fuera del cuerpo me enseñaron muchas cosas, que se han confirmado.

Algo que se me mostró con toda claridad fue que cuando estás en la ciudad de cristal en el consejo de maestros pasas revista a *todas* tus vidas, no solamente a ésta. Las vuelves a ver desde muchas perspectivas diferentes y desde los puntos de vista de muchas personas, no sólo los tuyos. Algunos piensan que sólo pasas revista a esta vida, de la que tienes consciencia. Sin embargo, lo que me mostraron fue diferente. Es como si todas tus vidas, pasadas, presentes y futuras, terminaran al mismo tiempo, y el alma las impulsara a todas hacia la ciudad de cristal para la revisión.

No es necesariamente la revisión final, ya que muchos advertirán que tienen lecciones pendientes, todavía por aprender haciendo uso de sus emociones y de los cinco sentidos que sólo se conceden en la forma humana, es decir, cuando retornen en otro cuerpo humano. El marco de tiempo es confuso. Da la impresión de que la revisión de todas tus vidas apenas conlleva unos instantes, y sin embargo, las repasas en su totalidad, desde muchas perspectivas, así que la ausencia del tiempo en la ciudad de cristal es un factor importantísimo.

Se me mostró, asimismo, un aspecto diferente de este viaje. A algunos les lleva tiempo comprender que están muertos. Van al reino etéreo y se convierten en lo que muchos llaman «espíritus» o «fantasmas». Estas almas hacen un recorrido diferente antes de llegar a la ciudad de cristal. Necesitaban aprender algunas lecciones y esto no fue posible porque sus vidas fueron segadas de repente.

En este proceso hay distintas etapas que me enseñaron con claridad.

Se parecen a las etapas psicológicas de la muerte de las que se habla en muchos cursos universitarios de psicología y en libros sobre la muerte. La primera etapa es la aceptación de la muerte. El espíritu debe comprender que está muerto mientras aún tiene la forma actual. La segunda etapa es cuando el espíritu debe aprender cómo ser un espíritu, cómo manejar las energías a su alrededor, cómo interactuar con otros espíritus (y a veces con seres vivientes) y cómo vivir siendo espíritu.

La tercera etapa es cuando deben aprender lecciones que no han podido concluir como seres vivos. La cuarta etapa es el aprendizaje de lecciones que no han aprendido. Muchos lo llaman «asuntos sin terminar». La última etapa tiene lugar cuando las lecciones ya están aprendidas, y es cuando se trasladan a la ciudad de cristal y revisan sus vidas.

El tiempo que abarca todo esto es algo que no se me ha enseñado, ya que no considero el tiempo como un concepto lineal. Podría tomar cualquier tiempo, desde un minuto hasta doscientos años. Una vez que hemos revisado nuestras vidas, a mi entender, las almas tienen que emprender muchas «tareas».

A veces se nos ofrece la opción de retomar la forma humana, y para esto me parece que hay una especie de lista de espera donde nos apuntamos. Sé que existen también otras tareas que las almas pueden emprender. Existe para las almas la carrera de maestro iniciado, la carrera de ángel guardián y muchas otras que ahora no recuerdo. En otras partes del universo también es posible reencarnarse en otra forma de ser sensible.

Un ejemplo de esto podría ser Nuevo, donde siento y percibo que se origina la energía de mi alma. En este universo y en esta galaxia hay muchas cosas que experimentar, y somos capaces de llevar a cabo todo en nuestro propio programa. Después de la muerte humana, continúas con este programa a tu propio paso y en tu propio tiempo.

Weston: Para morir, primero hay que vivir. Los humanos tienen tanto miedo a la muerte que, con frecuencia, se quedan paralizados, incapaces de poner un pie delante de otro a fin de participar en el mismo viaje para el que han venido.

Cada aspecto de la vida sirve para un propósito. Hasta las cosas más pequeñas son de vital importancia. Toma, por ejemplo, al bambú. Es frágil y, a la vez, fuerte. El agua alimenta el bambú y, al mismo tiempo, limpia su entorno y trae paz. El contenido del bambú, el tanino, enriquece el agua, para así contribuir a la alimentación de todo cuanto lo rodea. Hasta los insectos son simbióticos con la salud de las plantas y crecen cuando viven en armonía con éstas, y el bambú contribuye con el bienestar de los bichos al proporcionarles alimento y refugio.

Pero los ciclos continúan y, en última instancia, a cada cual le llega la muerte y con ella la descomposición de los restos, que alimentan al mismo entorno que le dio vida, que mantuvo esta vida. Así ha sido siempre. No hay que tener miedo a la muerte. Es un hecho que forma parte de la vida. En realidad, la muerte es parte de la ilusión. Uno no muere. Simplemente continúa formando parte de un ciclo infinito. En todo esto, ¡recuerda que hay que *vivir*!

Tristan: Morimos porque nuestro cuerpo físico no puede vivir para siempre. Luego, nuestros espíritus van a diversos sistemas solares para compartir lo que hemos aprendido. También podemos ayudar a la gente de la Tierra.

Peter: Pienso que la muerte es el momento en que se llega a la finalidad del yo. Creo que más adelante se nos ubica en otra vida.

Nathan: Cuando morimos, el espíritu va al cielo. Una vez, cuando yo era grande, me encontré con un niño que se llamaba Noah. Murió y vi cómo su espíritu se iba al cielo.

Rhianna: Cuando nuestro cuerpo muere, nuestro espíritu va al cielo; desde allí, podemos observar y ayudar a otras personas.

Jasin: Retornamos a nuestro yo espiritual. En realidad, no morimos nunca. Es sólo un mito. De hecho, ahora mismo sólo estamos soñando. Al morir, despertamos.

Joseph: Cuando sabemos que hemos cumplido nuestro propósito, cualquiera que hayamos elegido, nos dirigimos hacia donde está nuestra elección. Pienso que nos quedamos aquí o renacemos. No sé adónde vamos porque esto depende de tu corazón. Dejas que tu corazón decida hacia dónde quieres ir. Supongo que si dices que deseas adoptar de nuevo una forma física, pero tu corazón quiere que seas espíritu, entonces vas a ser lo que decida el corazón.

Scott: La muerte es cuando la vida física termina, pero la vida del alma no. Hacia dónde vamos... esto depende de nuestra elección. Cada cual decide adónde desea ir después de la muerte.

Ahn: Vi la muerte como una experiencia maravillosa cuando abandoné el cuerpo físico para presentarme ante mis ángeles, espíritus guías y la Fuente/De/Dios/Todo-Lo-Que-Existe.

P: Scotty, ¿qué crees que sucede cuando morimos?

Scotty: Pienso que ascendemos a otra dimensión o a la que es nuestro hogar y sopesamos lo que hemos hecho en la vida y si necesitamos o no regresar, o si precisamos aprender de nuevo, o simplemente permanecer en el conocimiento infinito.

P: ¿Crees que hemos elegido venir acá?

Scotty: ¡Sí, desde luego, con toda seguridad!

P: ¿Piensas que tuvimos razones específicas para venir? Quiero decir, ¿tuvimos razones individuales para pasar de un estado a otro?

Scotty: Sí, claro. Creo que cada alma tiene su sendero evolutivo por el que deben avanzar, y cosas diferentes que aprender.

Es igual que aquí; hay personas que son disciplinadas de nacimiento y hay otras que son perezosas. Mi hermano es muy disciplinado, pero yo, bueno, cuando me dicen que debo limpiar, lo hago, comienzo a hacerlo, pero tengo que forzarme a mí mismo, como si tuviera que arrastrar mi propio peso por toda la casa. Si le dices a mi hermano que haga algo, lo hace bien y enseguida. Practica todos los días, limpia, pero yo… ¡Brr!

P: ¿Y así tu hermano cumple en esta vida funciones diferentes de las tuyas? Esto está bien.

Scotty: Sí. Mi hermano tiene sus experiencias y capacidades y yo también. Él posee las mismas capacidades que yo, y yo tengo las mismas que él. Además, él posee otras que yo no tengo, y yo poseo capacidades.

P: Y esto está muy bien, porque estáis en senderos bastante diferentes.

Scotty: Correcto, son senderos totalmente diferentes.

Gabriel: La muerte verdadera es cuando pierdes tu alma, pero, cuando lo que muere es el cuerpo, no hacemos más que ir a ese lugar que poseemos en nuestro interior.

Lindsay: Morir es un término que se refiere al cuerpo. Nuestros cuerpos mueren. Pero nosotros no morimos. Retornamos a nuestros inicios, a la fuente, y nos sentamos alrededor de la mesa con nuestra «gente» a discutir el próximo contrato y las nuevas lecciones que deseamos aprender.

11

Es el momento de detenernos y comprender lo que los seres de luz ya conocen. Todos somos uno.

Tristan

Percepciones acerca de la guerra

Al principio, las guerras se producían por la supervivencia. Ahora se guerrea por el poder, por ventajas políticas, por dinero, por creencias religiosas y por el control sobre los recursos naturales. Muchas se libran en nombre de Dios.

A lo largo de la vida nunca he podido comprender por qué los humanos se matan entre sí, independientemente del motivo. Para mí, matar es inconcebible, la vida es sagrada, y cada vida es parte de un todo mayor. En mi opinión, matar a alguien es como acabar con una parte de ti mismo.

La facilidad con que se siega una vida nunca deja de asombrarme. Cómo alguien puede estar vivo en un instante y, en el siguiente, por un acto de guerra, su existencia terrenal cesa. Así de simple. Por una idea o un ideal que no constituyen una verdad para todos, sino tan sólo interés para unos pocos. Me entristece el hecho de que guerreemos entre nosotros en vez de apoyarnos unos a otros en todo el planeta.

Cuando oigo que decenas de miles de niños en el mundo entero mueren a diario a causa de la malnutrición, mientras otros desperdician los alimentos, me parte el corazón. Cuando veo en las noticias de la noche a refugiados que cargan con lo que pueden, e incluso se llevan a miembros de su familia demasiado débiles para caminar, andando sin un fin determinado por caminos que conducen a la reclusión en campamentos de refugiados, si no a algo peor, esto me indigna. Estoy completamente estupefacta por el hecho de que algunos puedan considerarse con el derecho de tomar lo que deseen a expensas de las vidas y el bienestar de otros. Y hay otras personas que se alegran de los conflictos cual si estuvieran en un partido de fútbol en que uno de los equipos gana. En una guerra, de hecho, nadie gana. Cada cual paga su precio. Algunos más que otros. Es una experiencia humana primitiva que no ha evolucionado.

¿Cómo, de qué manera puede la humanidad sobrevivir a la destrucción que se ha producido y sigue teniendo lugar entre naciones, entre sus pueblos?

Es interesante que cuando pregunté a los niños sobre este tema, muchos de ellos no quisieron participar y responder a las preguntas. Al principio creí que esto se debía a que no conocían demasiado los acontecimientos actuales o ni tan siquiera la historia. Lo que comprendí más tarde fue que al participar en esta parte del libro otorgaban a la guerra la fuerza de lo real. No querían hacerlo. A los chicos les gusta hablar sobre el amor, la vida, la naturaleza de la tierra y el agua, o sea, de la naturaleza y la paz en general. No quieren llevar nada negativo a sus mundos. Y debo decir que no estoy en desacuerdo con ellos.

¡Y gracias a Dios que son ellos nuestra próxima generación!

Aquellos que respondieron lo hicieron con mucha profundidad e inteligencia.

P: ¿Cómo percibes la guerra?

Grandma Chandra: Inútil.

P: ¿Cómo podemos hacerla cesar?

Grandma Chandra: Eligiendo oficiales que compartan nuestros puntos de vista.

P: ¿Cuáles son tus sentimientos hacia la guerra? ¿Cómo podemos detenerla?

Jasin: Podemos detenerla si nos limitamos a estar en paz. Entonces ya no habría más guerras, fusiles, cañones, espadas, en general, cosas de guerra. La gente es avariciosa, pero la avaricia simplemente no existe. Es algo ficticio. La respuesta a la guerra ya está dentro de ti. Lo peor de la guerra es el hecho de que siga ocurriendo. Me entristece mucho que la guerra le guste a la gente.

Cuando pregunto a mi gato sobre la guerra, me responde: «Siento que me hiere mucho en el corazón». Mi gato desea ir allá, meterse en medio y detenerla. Hay que llegarles muy hondo al corazón y que no tengan deseos de luchar. Hacer que deseen cesar. Es como… llegar hasta lo más profundo de su corazón con tu alma y detenerlos.

Jude: La primera impresión sobre este tópico fue el experimento que las galaxias denominan «Tierra». Lo que se me mostró fue que en el universo hay diversos planetas. En ellos habitan seres sensibles comparables a los humanos. Sin embargo, poseen estructuras y características físicas diferentes. Se parece mucho a lo que hemos visto en *Star Trek* y *Star Wars*. En cada planeta habita una raza de estos seres sensibles. No obstante, a diferencia de la Tierra, todos tienen un aspecto bastante similar. Sus características físicas son las mismas, pero no sus estructuras.

Quizás exista un planeta habitado por seres que sean todos del mismo color. Algunos planetas poseen un gran número de razas. Comoquiera que sea, lo que se me mostró fue que existían energías representativas que se unieron y enviaron a formar el planeta Tierra. Estas energías representativas no provenían de las mismas galaxias. Procedían de diversos confines del universo.

Entre estas energías vinieron las locales de las creencias de cada planeta, su fe y otros de sus aspectos originarios. En mi opinión, es obvio por qué a veces se producen guerras. Con las diversas entidades que comprenden, entre ellas, a nuestros guías y a otros seres que están alrededor de nosotros, *en combinación* con las variadas energías de las experiencias de las almas que se enviaron desde diferentes partes del universo, hubiera sido difícil que no existieran conflictos. Ésta constituyó la esencia del experimento conocido como «Tierra»: enviar todas las energías del universo y representarlas sobre un planeta donde se pudiera ver qué sucedería cuando todas ellas colisionaran.

Todas estas energías, entre ellas, la blanca, la gris y la oscura, llegaron al área que es ahora nuestro Sistema Solar y formaron el planeta Tierra y otros planetas que nuestro sistema alberga. Cuando seres sensibles poblaron la Tierra, tenían diferentes razas y estructuras físicas debido a la influencia de las energías espirituales de sus planetas de origen dentro de nuestro universo. Son estas diferentes energías e influencias las que contribuyen a lo que denominamos guerra.

Las energías oscuras fueron un factor de gran importancia en el concepto de la guerra, ya que manipulan y alteran los pensamientos de algunas almas susceptibles en la forma humana.

Con la diversidad de energías y con la introducción del lado oscuro, me resulta obvio que existan muchas oportunidades para que sucedan las guerras. La idea, el concepto del experimento era que organizáramos pacíficamente el planeta; sin embargo, el libre albedrío y las diversas energías y almas en el planeta transformaron el pensamiento pacífico en violencia y oscuridad, que son el producto de las guerras.

El segundo factor es la división y la fusión de la Iglesia y el estado. Es una unión muy antigua que no debe formar mezcla. Cuando se unen la Iglesia y el estado, de hecho estás mezclando, en esencia, el dinero con la fe y la religión. Ésta, como me mostraron, fue durante mucho tiempo la causa del desmoronamiento de los sistemas religiosos en la Tierra. Esto parece comenzar a raíz de las exploraciones de los diversos continentes de la Tierra. Los períodos históricos particulares que vienen a la mente son los tiempos de los conquistadores, los jesuitas y otros tipos de fe que conquistaron pueblos ocultando tras la religión sus energías oscuras de expansionismo. Fue el constante impulso de descubrir en el mundo nuevas tierras y nuevas ganancias monetarias lo que despojó a las religiones de la fe.

La conquista y la destrucción de las civilizaciones maya, inca y azteca, así como de las culturas y las civilizaciones de los nativos norteamericanos, iniciaron la era cuando la Iglesia y el estado se fusionaron, así como la decadencia del género humano.

Fue la combinación de estas dos teorías con las energías vitales lo que aniquiló el verdadero concepto de ser un hombre sobre el planeta Tierra. Fueron sus culturas las que, junto con los modos de vida, los sistemas monetarios o de trueque y la religión, en una mezcla perfecta, permitieron que la vida fluyera entre ellos y sus creencias en paz y armonía.

Otros dos ejemplos son las civilizaciones de la Atlántida y Lemuria. Estas dos civilizaciones constituyeron esta misma mezcla perfecta que les permitió prosperar, hasta que un tercer concepto intervino en la vida.

El tercer concepto fue el del «ego». El ego formó parte de la vida de los seres sensibles. No fue el ego de los mayas, de los incas y de los aztecas lo que acabó con sus civilizaciones. Fueron los egos de los países conquistadores los que causaron la guerra y la destrucción, así como la invitación a las energías oscuras a lugares donde hasta entonces no se las había conocido. Atlántida es un ejemplo perfecto de esta teoría. Por lo que he percibido en mis visiones, así como por lo que he leído acerca de los diversos criterios sobre la Atlántida, allí había un grupo o una persona que decidió obtener el poder de los cristales y adueñarse de los archivos para su propio uso. El ego fue la introducción de las energías oscuras en la civilización de la Atlántida y, en última instancia, de su caída.

Esto puede servir como paralelismo a lo que está ocurriendo ahora en Oriente Medio. La «Tierra Santa», que es tan ambicionada debido a los acontecimientos históricos que ocurrieron allí, constituye un objeto de ataque para diversas naciones. El criterio que los guía es que su religión es la única correcta y absolutamente certera, y que la zona del planeta que se conoce como Tierra Santa les pertenece por derecho propio.

En este planeta hay muchas religiones, y ninguna de ellas es correcta. Existen muchos aspectos de diversas religiones que al unirse forman la religión de la Tierra. Y es en esta religión espiritualista donde radica la verdadera religión de la Tierra. Esto forma parte también de la primera teoría de la Tierra como experimento, cuando con diversas energías llegaron distintas formas de fe y maneras de adorar al Creador Único.

La «Tierra Santa» no es santa. En esta parte de la Tierra no hay nada más ni menos especial que en cualquier otra parte del planeta, excepto los acontecimientos que ocurrieron. Son las ataduras del ego a este lugar las que, al igual que el petróleo, hacen que sea una zona tan ambicionada. Son el materialismo, el ego, la religión y el individuo los que crean y provocan la guerra en la Tierra.

Si comprendiéramos que todos estamos vinculados con Dios, que la Tierra es santa, y que es en nuestras diferencias donde deberíamos celebrar lo que es vida, la guerra desaparecería y podríamos iniciar una vida elevada y pacífica.

Solamente la autocomprensión de Dios dentro de cada uno de nosotros acabará con la guerra. No existe una respuesta simple para esto, ya que la guerra ha existido desde los tiempos de Lemuria y la Atlántida. Hay muchas cosas que parecen respuestas, pero no lo son. Sé que la paz se instaurará en el planeta sólo cuando todos podamos mantenernos gracias a nuestras acciones de la vida diaria. Esto incluye que nuestras necesidades básicas se satisfagan sin necesidad de dinero. Agua, alimentos y vivienda, que son nuestras necesidades, deben ser libremente accesibles para todos los habitantes de la Tierra y nunca tienen que ser medidos o unidos a los beneficios económicos.

La separación de la Iglesia y el estado es otro factor. El gobierno no debió nunca estar vinculado con la fe y la religión de su pueblo. Antes de que venga la era de la paz, es preciso llevar a cabo la separación completa entre el dinero y la religión, así como entre la religión y el gobierno.

Lo que me enseñaron fue que, al final, un acontecimiento a gran escala ocurrirá en la Tierra que dará lugar a un despertar para un modo de vida pacífico. Durante este acontecimiento morirán cientos, si no miles de personas; sin embargo, para el progreso del género humano, así como para las energías de la Tierra, será necesario dar un giro de 360 más 60 grados alrededor de sí misma para apartarse del dinero y dedicarse a la paz.

Rhianna: La guerra me pone triste, enfadada e infeliz.

P: Lindsay, ¿qué es lo que piensas y sientes en cuanto a la guerra?

Lindsay: Las guerras se producen cuando la gente tiene miedo. El miedo sólo conduce a la muerte. El tiempo pondrá fin a las guerras. Ya estamos avanzando hacia una existencia más pacífica, y, aunque esto pueda no parecer así, las viejas generaciones belicistas van muriendo, y empiezan a llegar nuevas generaciones, llenas de amor y con menos temor.

Weston: La guerra es un mal uso del libre albedrío. Algo no me permite creer que cuando se nos dio el libre albedrío fue para la destrucción de la vida y de los vivos. Las personas suelen usar la libertad para una percepción incorrecta de los modos de ganar el poder. En realidad, esa clase de poder en realidad no es tal. El poder no se consigue asesinando. Se consigue reconociendo la perfección interna y aplicándola a todo cuanto se hace.

Muchísimas guerras se libran en nombre de Dios. Es esto lo que sucede en Oriente Medio. Cada cual piensa que su Dios es el Dios Único. El problema está en que, si bien cada uno de ellos es Dios, la realidad que sus personas divinas están creando está en franca oposición con quienes son. Dios es amor. Nosotros somos Dios. Somos amor. Cada persona en el mundo posee sentimientos y temores, pensamientos y percepciones, pero lo que muchos no tienen es la comprensión de que ellos mismos son aquello que buscan. Por eso les usurpan a otros lo que nunca fue suyo. Tal vez en lugar de llevarles armas a sus vecinos les deberían facilitar alimentos y materiales de construcción, agua fresca y una nueva actitud. En el planeta hay bastante para todos; sólo hace falta que todos compartan sus recursos. Así no habría desesperación y la vida en la Tierra sería completamente diferente.

Tristan: Creo que las guerras se producen porque la gente se olvida de por qué está aquí. Es decir, de cuál es su propósito. Todos tenemos una razón para estar aquí. Dios me dijo que tenía que venir porque debía enseñar a las personas cómo volver a amar, porque lo han olvidado. A veces, cuando siento la ira del mundo, olvido cuál es mi propósito, comienzo a enfadarme y actúo en consecuencia. Entonces, mi mamá y mi papá me ayudan con la energía y, cuando me calmo, conversamos sobre mi propósito. Por eso pienso que es esto lo que ocurre con los líderes y con todas las personas que trabajan con ellos. Sienten tanto miedo porque se olvidan de quiénes son y para qué están en la Tierra. Esto es cada vez peor porque están juntos siempre y siguen hablando de manera negativa sobre otras personas y otros países. Entonces, estas personas comienzan a actuar en consecuencia con sus palabras y empiezan los asesinatos. Lo han hecho una y otra vez, en cada vida que han tenido sobre la Tierra. Ya es hora de detenernos y comprender lo que los seres de luz ya conocen. Todos somos uno.

12

¡Hablemos de armonía!
Hablemos de la Tierra y su existencia.
Durante millones de años el mundo existió
en una forma manifiesta.
Ahora el mundo está cambiando.

Nicholas

NUESTRA GRAN CELEBRACIÓN
A TRAVÉS DE LA CO-CREACIÓN

©NICHOLAS TSCHENSE, 10 AÑOS

Todos estamos aquí en esta gran bendición;
sin embargo, necesitamos saber amar sin aflicción.
Los niños de cristal estamos aquí como una nueva
generación.
Nos gusta aportar amor a toda esta situación.
¿Nos preguntas qué va a suceder en 2012?
La respuesta es simple; es una gran celebración.
Es pasar juntos por nuestra co-creación.

El año 2012 desde la perspectiva de los niños

Según el calendario maya y los datos puramente científicos, en diciembre de 2012 nuestro Sistema Solar y, en particular, la Tierra, van a regresar a su centro galáctico. A través del espacio en dirección a nuestro núcleo inicial, entramos en el cinturón de fotones. Al hacerlo, recibimos más luz de la que la humanidad ha recibido en los últimos 26.000 años.

Regresamos a nuestro centro galáctico cada 26.000 años, exactos como un reloj. Tanto visionarios como científicos han dejado constancia de que estos ciclos de 26.000 años suelen producir en la Tierra cambios, tales como un clima dominado por los extremos, terremotos, así como desplazamientos de los polos terrestres. Lo que todo esto significa es que la Tierra se mueve, literalmente, del derecho, al que estamos acostumbrados, a un completo revés. El sur se convierte en norte, y viceversa. Cuando se produce el desplazamiento de los polos, el clima y las influencias electromagnéticas se alteran en todo su conjunto. Con frecuencia, se producen eras glaciales, y la corteza terrestre se mueve a fin de mantener, en el sentido literal de la palabra, el equilibrio del planeta.

Debido a este tipo de acontecimientos, la población de nuestro planeta habría tenido muchos comienzos. En aquel entonces, nadie sobrevivía, con excepción de unas pocas personas. Estos pocos daban un nuevo inicio a la humanidad.

Para mí, el año 2012 es el comienzo de una nueva era y la aurora de posibilidades de un futuro mejor. Con seguridad, se van a producir cambios sobre la Tierra y en su interior, pero así ha sido desde el comienzo de la creación. Afrontémoslo. ¿Quiénes somos para creer que la Tierra se va a detener en su evolución sólo porque hemos elegido vivir en ella? Pero podemos producir la diferencia en cómo va a ser esta evolución. Participamos de un organismo vivo que es un todo mayor. Cada pensamiento, cada acción y, de hecho, cada partícula de energía que emitimos se comunica con todo el universo y cambia la realidad. Somos así de poderosos. ¿Imagináis cómo podríamos unirnos todos juntos en una misma página? Podríamos cambiar por completo nuestra experiencia y la de la Tierra. Imaginadlo.

Para otros, existe una gran especulación acerca de si estos cambios terrestres van a ocurrir en 2012 o en algún momento anterior a ese año. Otros creen que el acontecimiento traerá el fin del mundo profetizado en la Biblia. Por alguna razón, la humanidad, al parecer, vive obsesionada por su fin.

En mi opinión es un recuerdo inherente o un conjunto de recuerdos que llevamos dentro a nivel celular y que en realidad se remonta, de manera energética, a un tiempo en que toda la humanidad o su mayoría pereció. Existe un miedo inherente a que esto se repita.

Algunos creen que el acontecimiento de 2012 será un desplazamiento dimensional. Para otros, no hay ninguna percepción consciente o creencia de que vaya a producirse acontecimiento alguno.

¿Es 2012 una simple hipótesis, como la de Y2K y otros sucesos previos? ¿O hay en ello algo cierto? Muchos de los niños se negaron a responder a esta pregunta. ¿Ha sido porque no saben o porque sí? ¡Sólo el tiempo lo dirá! Aquellos que sí respondieron poseen perspectivas perfectamente definidas.

P: ¿Qué pensáis sobre los cambios que se han de producir en 2012? ¿Se está la gente preocupando demasiado sobre este hecho o vamos a experimentar realmente grandes cambios? Si es así, ¿qué clase de cambios creéis que se producirán?

Nicholas: ¡Hablemos de armonía! Hablemos de la Tierra y su existencia. Durante millones de años, el mundo existió de una forma manifiesta.

Ahora el mundo está cambiando. Con esto me refiero al cambio hacia una energía vibratoria nunca antes experimentada. Ahora, antes de que te rías, déjame explicar lo que quiero decir. La Tierra está experimentando una transición hacia la ligereza, algo muy diferente de la energía densa que ha existido hasta ahora. Esto podemos advertirlo al conectar con nuestros propios sentimientos de ligereza de nuestro cuerpo.

Puesto que la Tierra es un espejo de nuestro estado de ser, podemos predecir, asimismo, una relación directa con nosotros. Debemos estar atentos a este cambio cuando ocurra. En ese cambio hay una señal para que prestemos atención a lo que es correcto. Cuando advirtamos un desplazamiento en la materia desde lo denso hacia lo menos denso, tendremos que plantearnos estas preguntas: «¿Qué desplazamiento es éste? ¿Puede ser tan simple? ¿Puede que por medio de este desplazamiento de la materia física se produzca otro en lo que se refiere a la consciencia? ¿O es todo lo contrario?».

La razón por la que pido que se preste atención es que hay que percibir el cambio mientras observemos el desplazamiento hacia la ligereza. Por medio de la propia observación estamos creando más ligereza.

¿Puedo sugerir que esta relación nos puede acercar más hacia donde deseamos estar?

En vez de concentrarnos en lo que parece perturbador, como una carencia de forma en nuestro modo de querer, sea ésta una falta de paz, o de amor, o de orden perfecto en la naturaleza, si optamos por concentrarnos en ver estas cosas del modo en que deseamos verlas, entonces crearemos más amor, más paz y un orden más perfecto en la naturaleza.

P: ¿Es el año 2012 importante para la humanidad o para tu mundo? ¿Está la gente exagerando lo que ocurrirá en 2012?

Grandma Chandra: Sí, es un desplazamiento dimensional por el que la humanidad ya ha pasado antes.

Jude: Quiero comenzar con la visión que se me mostró sobre los primeros tiempos de la Tierra. La Tierra se formó y ciertas almas fueron enviadas desde otros planetas y se añadieron a energías y a almas que se habían utilizado en la creación del planeta.

Éste fue un experimento galáctico para ver si diversas razas que estaban representadas por toda la galaxia podrían cohabitar en la nueva Tierra sin que el ego o el libre albedrío interfirieran en su convivencia pacífica. La Tierra, al comienzo, ni se movió de su eje. Esto quiere decir que el Sol iluminaba el planeta de una manera semejante y que los cambios de estaciones no eran tan patentes como lo son en la actualidad.

La Tierra estaba constituida, en su mayor parte, de agua, y comenzó el primero de los muchos ciclos de 26.000 años. El universo en que vivimos concluye un giro alrededor de la galaxia cada 26.000 años. O sea, cada 26.000 años, retorna al centro galáctico donde fue creado.

Vi este centro como un brillante campo de electrones y protones y otras energías atómicas que se parecen mucho a una aurora boreal. A medida que nos aproximamos al centro galáctico, allí se producen muchas cosas que ocurrirán a las dimensiones físicas y otras relacionadas con ellas, y esto incluye las realidades individuales de cada persona.

La Tierra envía mensajes de reacción interna a quienes habitan sobre su superficie. El mensaje principal que he recibido es el de alejarme del agua. De todo tipo de agua. Ríos, mares, lagos y, en especial, océanos o la costa. A continuación me mostraron varias veces un mapa de Estados Unidos. En cada ocasión, la tierra firme retrocedía más y más, mientras que el agua ocupaba su lugar. Esto se debe a que las energías que se emiten desde el centro de la Tierra y las impulsadas hacia nosotros por las leyes de la atracción forman un conjunto excesivamente grande.

Junto con este mensaje recibí otro. Decía que debemos utilizar el exceso de energía para subsanar el daño que hemos hecho al planeta durante todo el tiempo que hemos estado aquí. Se refería principalmente a la revolución industrial, momento en que empezamos a causar el daño más serio a nuestra Madre Tierra.

En el mapa, Vermont, New Hampshire y Maryland aparecen cortados, así como el río Connecticut, que es una extensa línea de falla. La falla se desplazará y se creará una brecha y el agua inundará las tierras alrededor del río Connecticut. Esto separará los estados que he mencionado de la mayor parte del territorio de Estados Unidos. Cape Cod irá a parar bajo el agua, así como la mayor parte de Boston y el centro de Massachussets.

Gran parte de la costa oriental quedará sumergida, así como Florida y partes de Texas y de la costa sudoriental. El río Mississippi se desbordará y fertilizará las tierras de los alrededores. Esto se parece mucho a lo que sucede una vez cada década al Tigris y otros grandes ríos. Pero no ha ocurrido durante mucho tiempo gracias a nuestra intervención con diques y reguladores y barreras artificiales para el agua. Esta inundación creará un área acuática muy grande en el centro de Estados Unidos que sólo se podrá cruzar con buques. Desde luego, algunas áreas se podrán cruzar con embarcaciones menores, así como otras zonas en las que el paso será imposible.

El área de la costa occidental incluye principalmente a California y a Oregon. Gran parte de éste se convertirá en una enorme bahía. En la costa de California se producirá un gran número de terremotos que provocarán que una larga franja de la línea costera se separe, aunque no desaparecerá. Lo he visto como algo parecido a lo que es hoy Baja California; sin embargo, afecta a toda California. Estoy tratando de realizar un mapa con lo que he visto, ya que mis visiones de lo que va a ocurrir son para mí muy claras y vívidas.

Hay una «zona de seguridad» en Estados Unidos hacia donde me siento impulsado a dirigirme. Este lugar es Sedona, en Arizona. Pienso trasladarme allá en cuanto la llamada sea demasiado fuerte como para resistirme. He visto la fecha de 2011. Muchas personas se trasladarán también a esta área en esa época, ya que se trata de un mensaje que la Tierra envía a los individuos clave que pueden ser útiles durante los cambios masivos que van a suceder.

La corriente del Golfo también se alterará y tendrá un patrón más circular. Avanzará a lo largo de la costa oriental. Luego girará hacia Gran Bretaña, después hacia el sur, y seguirá hasta las costas de África, pero más adelante se dirigirá hacia América del Sur y rodeará su costa. El patrón circular es mucho menor que el de ahora, de modo que el agua será cada año más cálida. Esto se debe también al calentamiento global y a que el hielo de los polos se van derritiendo cada vez con mayor rapidez.

He visto un gran cometa, que, dentro de unos pocos años, pasará rozando la Tierra. Esto hará que la inclinación del eje de la Tierra y su rotación elíptica alrededor del Sol cambien de una manera significativa. La inclinación será menor, y la Tierra comenzará a temblar ligeramente. Esto, a su vez, producirá ligeras alteraciones en su ruta elíptica alrededor del Sol, lo cual podría afectar en gran medida a los campos magnéticos de la Tierra, así como a la mayor o menor distancia que nos separe del Sol.

También me mostraron que Marte estuvo una vez en el mismo lugar que ahora ocupa la Tierra, mientras que ésta se hallaba en el lugar actual de Venus. Esta visión me mostró que Marte tenía entonces habitantes y muchísima vida, ya que es la posición en relación con el Sol la que posibilita el milagro de la existencia. Ahora Marte es demasiado cálido para que haya vida en él, y la Tierra algún día se acercará demasiado al Sol. El cometa desempeñará un papel importante en la reducción del marco temporal de esta atracción gravitatoria de la Tierra hacia el Sol. Venus, algún día, estará poblado de vida y de seres sensibles.

Lo que la gente puede hacer para ayudar a convertir la energía es meditar para que se produzca un cambio positivo. Usar la energía para co-crear, junto a otros trabajadores de la luz, la Tierra que se nos había otorgado para vivir. Esto se puede lograr si se transforman las creencias y la fe en la consciencia de las masas hacia aquello que refleje nuestra realidad personal e individual y donde nos gustaría vivir después de este cambio. Por medio de la transmutación del exceso de energías terrestres podremos crear nuestra nueva Tierra. Si no empleamos esta energía, ella nos utilizará a nosotros y lo más probable es que transforme muchas más áreas de tierra firme en agua o lava. Se producirán muchos terremotos, erupciones volcánicas, huracanes, tornados y otros desastres naturales que ocurrirán a medida que esto suceda. Y esto sucederá en áreas donde nunca antes existió una actividad frecuente.

En Estados Unidos y en todo el planeta habrá tornados allí donde nunca antes los hubo. Debemos usar esta energía en aras al progreso de la humanidad y a nuestras almas, como también a la Tierra como una entidad. Con esta cotransmutación de cambios positivos sobreviviremos y prosperaremos hasta mucho después de que el cambio ocurra. Aprenderemos de nuestro pasado y recordaremos todas nuestras vidas para utilizar la información guardada en la memoria de nuestra alma para crear el paraíso terrenal del que hablan muchas religiones aquí en la Tierra. Saldremos adelante; sin embargo, necesitamos todo tipo de meditaciones y pensamientos positivos para emplear en la medida de lo posible este exceso de energía, para co-crear y no permanecer silenciosos y vulnerables.

Una de las mejores cosas que he visto en mis visiones es la creación de escuelas metafísicas cuya enseñanza se dirigirá con creces más allá de la religión y tratará de la evolución y la constante sintonización de las migraciones de las almas en el universo.

Existen personas clave que están despertando ahora y que reclaman todas sus vidas pasadas para fundirlas con ésta. Es así como podemos emplear las capacidades de todas nuestras vidas en este estado de consciencia para poder ayudar lo más posible durante el cambio. Para la mayoría de las personas, esto sucede mientras el alma viaja durante los estados del sueño REM. Fue así como comencé a percibir conscientemente mi sanación a nivel psíquico.

Se aproxima un enorme cambio, y nos preparamos para él en esos viajes que emprendemos todas las noches. Estuve viajando en mi consciencia a un lugar donde hay un gran círculo de personas que en nada se parecen a los seres humanos. Existen tantos tipos diferentes que es muy difícil de explicar. Estábamos todos sentados haciendo un círculo meditando, y, a la vez, nos comunicábamos por telepatía y manteníamos una especie de reunión.

La información que fue objeto de debate y las acciones que se planearon son las que acabo de explicar. Hay mucho más, aunque soy incapaz de recordarlo con detalles, pero el mensaje fundamental es que el nuevo nivel promedio del mar será de unos 1.066 metros por encima del de ahora, que será el nivel costero. La otra parte del mensaje es que podemos cambiar esta situación y darle un sentido positivo, que sea un cambio creativo y no destructivo.

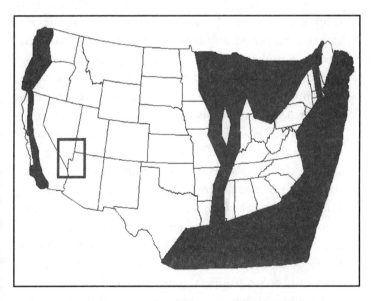

Cambios vaticinados en la costa de Estados Unidos para después de 2012
(© Jude DeCoff, 2007)

Weston: El futuro forma parte de un ciclo de consciencia y naturaleza que se ha repetido infinitas veces. Con seguridad se producirán cambios en el planeta. Existen y existirán siempre patrones continuamente cambiantes en el clima y cambios magnéticos, e incluso en la posición del planeta, pero los cambios más importantes se producirán en la manera en que la humanidad como un todo acepte la realidad de lo que ocurra en su mundo tanto interior como exterior.

La gente tiende a actuar como carneros, siguiendo a una persona o a un grupo de personas y entregándoles el poder. En los tiempos futuros, la gente tendrá que ser de otra manera. Dejar de relegar sus opciones. La gente se ha vuelto perezosa y desea que alguien se ocupe de todo por ellos, mientras ellos permanecen sentados y disfrutan de los beneficios.

Cada persona tiene la opción de crear un mundo muy diferente. En el modo en que se conjugan las energías radica la mayor posibilidad de entrar en una era de consciencia completamente nueva. La consciencia no es sólo la percepción consciente; es también la acción. Cuando vives intencionadamente de acuerdo con la ley universal y eres un testimonio viviente de las mejores opciones, entonces contribuyes con lo mejor y lo más elevado de ti a la totalidad del uno. Todos formamos parte de este uno, así que cuando alguien decida involucrarse intencionadamente y actuar del mismo modo que desea que se le tratara a él, las relaciones entre la mayoría de las personas cambiarán. Cuando esto suceda, cambiarán las relaciones entre las naciones. Cuando esto ocurra, las posibilidades de una paz universal aumentarán, y el mundo se convertirá en un paraíso terrenal.

Con los cambios se van a producir algunos acontecimientos que involucrarán a los cuerpos celestes y que modificarán las interrelaciones entre múltiples sistemas solares. Esto ya ha sucedido antes, cuando las influencias alteraron la órbita de uno o más cuerpos celestes, y se produjeron colisiones entre ellos. Fue así como se formó el cinturón de Kuiper. Es por eso que nuestro décimo planeta ahora gira alrededor de dos soles.

Existen siempre interrelaciones entre cuerpos celestes y, al igual que las personas, cada uno de ellos posee su espacio personal. Cuando otro cuerpo celeste penetra en este espacio personal, las relaciones entre todos cambian. Cuando estas relaciones se transforman, las vibraciones actuales en cada nivel de la realidad también cambian. Esto es lo que sucederá. La pregunta es ésta: ¿cuántas personas desean vivir una vida consciente, con intenciones y objetivos determinados?

Rhianna: En 2012 dependeremos demasiado de la tecnología para hacer las cosas nosotros mismos.

Jasín: No. Esto no es importante. Ni siquiera existe. Simplemente hemos hecho unos cálculos. No se debe a eso. Algo ha cambiado hasta un punto que carece de importancia.

Joseph: Veo que cada año vamos a crecer para aprender más y más. De hecho, no pienso en un futuro muy lejano. Tal vez mañana, o de aquí a una semana. Prefiero vivir el AHORA que en el futuro, porque se necesita la experiencia de AHORA para tener un futuro mejor.

Scott: Sé una cosa: la tecnología será más avanzada que hoy en día, y también la conducta humana. En mi opinión, no creo que el mundo esté completamente preparado para todos los cambios que van a ocurrir.

Veo tecnologías y armas más avanzadas, y veo cómo, de algún lugar muy grande donde estaban guardadas esas poderosas armas, las roban. Muchas personas tratan de intervenir y veo que algunas se imponen. Éste es el único cambio que percibo con claridad.

P: Estuvimos hablando antes sobre cómo las cosas van a cambiar de lugar. ¿Cómo lo ves?

Scotty: Bueno, más o menos así: teníamos un arroyo junto a nuestra casa, y yo me sentaba allí, pero de pronto apareció una gran claridad, como si hubiera entrado en la quinta dimensión, y podía mirar alrededor y decir: «¡Qué maravilla, todo es tan diferente de lo que había aquí antes, cuando vine!».

P: ¿Como cuando todo tiene un aspecto fresco y nuevo y se puede distinguir cada detalle?

Scotty: Sí, y el viento es tan leve, y la hierba se mueve y parece que baila.

P: Todo está sincronizado.

Scotty: Sí, cuando lo hacía, me sucedían las cosas más asombrosas. Como cuando regresaba a mi casa después de una de estas experiencias y me encontraba con una familia entera de lechuzas. En otra ocasión dos venados salieron corriendo y se detuvieron, y vi que eran una mamá con su hijito.

Cuando vi a estos animales me limité a sentarme tranquilo para estar con ellos, hasta que se fueron corriendo. Entonces me levanté y me fui a casa.

Lindsay: Sabes, no creo que vayan a ocurrir desastres caóticos. Ni siquiera estoy segura de si 2012 es el año correcto. Pero sí sé que habrá desplazamientos; no sé si en forma de huracanes o terremotos, ni si el radar los podrá detectar. Si se trata de desplazamientos del modo en que creemos, irán sucediendo muy lentamente.

Tristan: Creo que simplemente tenemos que esperar y ver…

13

Es duro querer conformarse con una realidad
tridimensional, cuando las reglas no son verdaderas
ni contribuyen a resultados positivos.
Necesitamos que nos enseñen cómo encajar
en la sociedad, incluso a pesar de que esto a veces
pueda parecer algo distinto de lo que la gente
está acostumbrada a experimentar.

Weston

Lo que nuestros niños necesitan

En mi libro anterior, *Los Niños de Ahora,* abordé el tema de lo que nuestros niños necesitan. Esto incluye cambios ambientales, tales como superficies uniformes, colores, muebles, complementos en forma de naturaleza y música, y otras cosas que permitirían a los niños sentirse más cómodos, ya que con frecuencia se ven sometidos a sobrecargas auditivas y visuales. Estas sobrecargas actúan casi de la misma manera en la capacidad de los niños para concentrarse, al igual que ocurre con la estática al interferir en un programa de radio.

Otras sugerencias incluían cambios en la dieta, suplementos, modificaciones en los programas escolares e interacción social.

Manifesté, asimismo, que a muchos de estos niños se les han diagnosticado erróneamente el desorden de déficit de atención (DDA) y el desorden de déficit de atención e hiperactividad (DDAH), así como el autismo. De hecho, la mente de esos niños, al igual que su consciencia, no funciona de la misma manera que la de las generaciones anteriores. Estos niños no pueden en modo alguno regirse según formatos lineales. Esto es imposible porque su consciencia y su mente son holográficas a la hora de establecer un orden. Lo compartimentan todo para un uso inmediato o posterior. No se les escapa nada, ni siquiera cuando no parecen prestar ninguna atención.

Estos niños no son rarezas naturales; forman parte de un salto en la evolución humana. Son pensadores holográficos. Imaginaos que, en vez de pensar en línea recta, sus mentes funcionan como un infinito panal capaz de almacenar retazos de información a los que más tarde pueden acceder. En realidad, es así como estos niños piensan. De hecho, la mayoría de los niños a los que les han diagnosticado DDA o DDAH son así. Parecen avanzar por la vida a paso de remolino, cual si no prestaran atención, cuando en realidad están reuniendo información con más rapidez que otros. Más tarde, extraen sus observaciones para llevar a cabo una comprensión plena. Muchas veces, después de observar a esos niños, me he quedado absorta por lo mucho que habían captado. Cuando a los niños se les trata como si fueran diferentes, forjan una baja autoestima.

El autismo es una afectación diferente. Los campos de energía electromagnética en el cuerpo de estos niños están, podríamos decir, inflamados. Esto se debe a una diversidad de influencias, tales como el mercurio en el sistema, que es un metal líquido sumamente conductor a temperatura ambiente y, cuando se calienta, se convierte en gas, tal y como sucede en el cuerpo humano. Esto propicia que los sistemas electromagnético y eléctrico del cuerpo se tornen hiperfuncionales. Debido a esto, la consciencia, que es también energía, no se «asienta» por completo en el cuerpo o en el cerebro. Los niños no parecen estar plenamente funcionales o presentes, pero en realidad no les sucede nada, excepto que su consciencia vive de una manera multidimensional.

Desde luego, existen otras causas de que la consciencia no se asiente por completo en el cuerpo, tales como traumas de nacimiento u otros. He trabajado con niños (e incluso con algunos adultos) que habían muerto en el proceso de nacimiento o a causa de un trauma severo, y que recobraron la vida de manera espontánea o gracias a heroicos esfuerzos de otros. En tales casos, la consciencia no se ha asentado debido al impacto del regreso al cuerpo. Es como si la consciencia hubiera emprendido el camino de retorno hacia donde se había originado y, de repente, la hubieran empujado de nuevo hacia el interior del cuerpo. Cuando ocurrió esto, la consciencia se fragmentó o no completó el trayecto de regreso. (Afectaciones similares ocurren en personas en estado de coma. La consciencia está presente en algún nivel muy cercano al cuerpo, pero no lo suficientemente cerca de su interior para que pueda reaccionar.)

El asunto es que nuestras nuevas generaciones no son necesariamente disfuncionales, sino funcionales de una manera diferente. No a todos los niños se les diagnostica el DDA, DDAH o el autismo. E incluso a aquellos a quienes se lo diagnostican es probable que no lo tengan. Los niños son más funcionales de lo que nos cabe en la mente. Y tienen necesidades. Son tan sensibles, tan sujetos a sentimientos y a un funcionamiento que nosotros no podemos comprender que muchas veces, sin saberlo, abusamos de ellos.

Quise dar a los chicos una oportunidad de hablar sobre lo que necesitan, de manifestarlo a partir de sus propias experiencias, así como basándose en cosas que les han sucedido en el exterior, en la sociedad y en casa. Fue interesante ver que la mayoría de ellos se refirieron a «los niños» en tercera persona, cual si ellos mismos fuesen observadores de sus propias experiencias. Nicholas, en el prólogo que escribió para *Los Niños de Ahora,* habló de «escuchar». El tema más común entre ellos es que se les escuche. Sienten como si no se les tomara en serio. Chicos, *¡estamos escuchando!*

He aquí lo que les pregunté:

P: Aparte de que se les escuche, ¿qué más necesitan nuestros niños especiales? ¿Qué podemos hacer *en su apoyo*?

Nicholas: Cuando me hago esta pregunta considero varias cosas. La primera y la más importante: ¿se nos escucha ahora mismo?

Segundo, ¿cómo pueden las personas de todo el planeta que se ocupan de estos niños dar un paso al frente y abrazarlos y aceptarlos de todo corazón? Para que esto suceda, organizamos un lugar de reuniones, y así podemos encontrarnos con nuestros niños especiales y experimentar sus dones directamente desde su envoltura carnal. Una sinergia de amor y acción nos llevará a un nuevo lugar.

Tercero, nuestra mejor y la más destacada manera de apoyar a estos niños especiales consiste en observar su vibración a través de nuestra resonancia armónica. Al optar por hallarnos en una presencia sintonizada y auténtica, ofrecemos a los niños una vibración energética que es como una sinfonía coherente que eleva la vibración de la Tierra. Es como las abejas que trabajan en la colmena para servir a la abeja reina, todas en sintonía y auténticas en su propósito. Su vibración oscila para estar en conexión con la abeja reina y, a su vez, la vibración energética de toda la colmena se eleva.

Ésta es una metáfora de cómo podemos tratar a estos niños especiales, y es un recordatorio de que la primera lección es saber escuchar verdaderamente.

Grandma Chandra: Mucho amor y permitirles que nos enseñen cuál es el próximo paso.

Jude: Hoy en día, los niños cobran vida cuando tienen recuerdos del pasado de sus almas que es preciso comprender. Escuchar no es el fin; hay mucho más que hacer. Lo que ayudaría es escuchar de manera interactiva en la vida cotidiana. Sobre todo cuando acuden con esas fuentes desconocidas de información.

Aceptación. Busco aceptación, validación y confirmación de aquello que estoy experimentando con mis dones, y esto es algo muy difícil de encontrar. Los niños van a necesitar apoyo y validación por parte de quienes están, en esta vida, más cerca de sus corazones.

Conocimiento. Los niños van a adquirir conocimiento místico procedente del mundo entero y de la galaxia, así como de las fuentes que los ojos humanos tridimensionales pueden ver o no.

He advertido que hay «ujieres» que ahora poseen forma humana. Son de mi generación y su vida humana se ha pensado para que creen áreas especiales dentro de las cuales estos niños superdotados puedan aprender y crecer.

Preveo aulas donde los temas sean la percepción psíquica consciente y la ciencia del alma. El mundo está a las puertas de un gran cambio cuantitativo, y los niños, si se les cría y alimenta correctamente, serán quienes impulsen a la humanidad hacia su fase posterior.

La fase de amor.

Los niños necesitan áreas seguras donde poder hablar de estas experiencias y capacidades sin miedo a ningún tipo de persecución o segregación. La percepción pública consciente será un factor importantísimo en lo que he visto como «revolución índigo». Para mí, es más bien una evolución. Si los niños llegan a alcanzar pleno reconocimiento y comprensión de lo que la Tierra y la humanidad les pueden ofrecen como herramientas para la evolución espiritual de la humanidad, tendrá que existir una integración de tópicos espirituales que se enseñen en los sistemas escolares.

Los maestros adecuados para llevarlo a cabo provendrán de la reserva constituida por personas pertenecientes más o menos a mi generación. Somos nosotros quienes vamos a criar y a permitir que se desarrollen estos niños especiales. No se puede mantenerlos en silencio, sino apremiarlos a que compartan su conocimiento con el mundo en un ambiente donde no se los juzgue. Cuando esto suceda, podremos aprender todo cuanto es posible de su herencia universal.

Weston: Soy un chico muy feliz, porque mi familia me apoya totalmente, y esto incluye mis capacidades, que no son de este mundo, y que podrían asustar a mucha gente. Los niños como nosotros necesitamos el apoyo de todos cuantos nos rodean. Algunos de nosotros no podemos cuidar demasiado bien nuestro yo físico, pero nuestros otros aspectos son sobresalientes. Como estamos en el mundo físico, al menos hasta cierto punto, necesitamos que las personas nos crean. Que comprendan que no somos ningún fenómeno extraño o rareza. Estamos en todas partes (¡en el sentido literal de la palabra!). Sabemos lo que pensáis o sentís antes que vosotros mismos. Esto se debe a que somos psíquicamente perceptivos. Sentimos con todo el cuerpo, y no sólo nuestras sensaciones internas. Ser uno de los Niños de Ahora significa que esta diferencia es la nueva norma. Somos distintos; en realidad, simplemente somos reflejo de lo que las personas son y qué pueden hacer. Los humanos se han olvidado de lo preciosos que son y de lo capaces que fueron, en otros tiempos, de prestar atención y no permitir que ideas ajenas sobre la realidad los distrajeran.

Lo que necesitamos es apoyo. Es duro querer conformarnos con la realidad tridimensional cuando las reglas no son justas ni contribuyen a resultados positivos. Necesitamos que se nos enseñe cómo encajar en la sociedad incluso a pesar de que parezcamos ligeramente diferentes de aquello que la gente está acostumbrada a experimentar. Precisamos una especie de marco donde desarrollarnos. En muchas partes del mundo, las personas se han alejado de los valores familiares, y esto no es bueno, sobre todo cuando hay niños involucrados. Añádase a esto que se trata de niños que son seres-centinelas, que sienten y saben todo y en todos los tiempos, y esto conduce a una mezcla corrosiva.

Necesitamos también escuelas donde podamos ser quienes somos y sentirnos más cómodos en un ambiente donde se aprenda. Hay muchos niños como yo que estudiamos en casa, y, en cierto modo, es maravilloso, pero en otro limita a los padres, que tienen que quedarse en casa para enseñarnos. Esto reduce también, en gran medida, nuestra socialización.

Más que cualquier otra cosa, no hay que sentirse intimidado por nosotros ni ponernos sobre un pedestal. El mero hecho de que recordemos lo que podemos hacer no nos hace diferentes. Simplemente, ha llegado el momento de un cambio. La humanidad se halla en una senda rápida. En este aspecto, hasta ahora no ha sido buena. Con tantos niños como nosotros que van naciendo, las posibilidades del cambio aumentan, y el potencial de la humanidad para sobrevivir a largo plazo, con un conjunto de valores diferente para mejorar el destino de todos los humanos, es mucho mayor.

Amadnos, criadnos, decidnos la verdad, enseñadnos cómo adaptarnos y sobrevivir, amadnos un poco más y un poco más y cada vez más…

Tristan: Lo más importante para que las personas ayuden a los niños como yo es que sean francas en cuanto a lo que sienten. De ese modo se expresarán. Soy muy sensible, y cuando tengo cerca de mí a personas que sienten temor o ira, me resulta muy incómodo porque no lo manifiestan de una manera adecuada. Me gustaría que estas personas pudieran ser francas consigo mismas y con otros.

Christina: Hay que ayudar a que se nos escuche y se nos crea. Cuando estoy con personas así, me siento aceptada y querida por lo que soy, y puedo ser yo misma. Es precisamente porque no se me trata de hacer callar o estar quieta; se me escucha, y cuando alguien puede aprender de mí, esto me hace sentir asombrosamente feliz. Una cosa es que se te escuche, y otra que se te comprenda. Puedo oír a las personas sin escuchar una sola palabra de lo que dicen, pero trato de *escuchar* todo. Algo que la gente puede hacer para apoyar a los niños es no esconderlos y dejarles que sean lo que son.

P: Scotty, hay entre vosotros muchos niños sensibles e inteligentes. No sólo tenéis estos sentimientos, sino que también actuáis así, y esto me encanta.

Scotty: Sí, pero creo que hay algunos niños muy iracundos, como mi hermana. Es tan iracunda.

P: ¿Crees que ya nacen así o se tornan así porque son muy abiertos a todo, muy sensibles?

Scotty: Sí, y carecen de filtro…

P: ¿Y simplemente se defiende o se defienden porque carecen de herramientas o de habilidades para lidiar con lo que sienten?

Scotty: Sí, tienes razón. Como mi hermana. Es muy testaruda con las personas y no comprende lo grosera que puede ser.

P: ¿Qué edad tiene tu hermana?

Scotty: Tiene 11 años, pero cuando era más pequeña teníamos que ir a recogerla a la guardería y llevarla a casa porque creaba muchos jaleos y era maleducada con su maestra. La maestra le decía algo a mi hermana, y ella le respondía que no había comprendido; entonces la profesora tenía que repetirlo, y mi hermana le volvía a decir que seguía sin comprender. Mi hermana se sentía muy frustrada.

P: ¿Entonces, la maestra repite y vuelve a repetir, y no habla a tu hermana de una manera que pueda comprenderla?

Scotty: Correcto, y entonces mi hermana hace lo mismo. Nos dice algo y nosotros respondemos que no comprendemos, y ella repite y vuelve a repetir y, por último, explota de frustración. Cuando se siente confundida, se encierra y no oye nada de lo que se le dice. Y entonces simplemente se va. En esos momentos lo único que se puede hacer es dejarla que lea un libro.

P: ¿Han diagnosticado a tu hermana el DDA?

Scotty: Han dicho de ella muchas cosas, como que tiene déficit de atención, dislexia, todo tipo de cosas.

P: ¿De modo que tratan de etiquetarla?

Scotty: Sí. Y no creo que lo necesite.

P: Muchas veces lo que sucede con estos niños no es que sean disfuncionales, sino que simplemente las personas no se comunican con ellos de maneras satisfactorias o a las que puedan corresponder, porque son muy hiperperceptivos. He advertido que muchos niños, sobre todo los más pequeños, como tu hermana, piensan de un modo compartimentado. La mayoría de la gente piensa en línea recta, una cosa tras otra, en una progresión lógica. Muchos niños, como tú y tu hermana, pensáis de una manera holográfica, en formatos que tienen capas y compartimentos. De esta manera podéis extraer de estos compartimentos muchísima información a la vez. Si queréis, podéis hacer 10 cosas al mismo tiempo. Y llevarlas a cabo.

Scotty: En mi caso, lo gracioso es que quiero decir tantas cosas que mi boca no me sigue, y entonces comienzo a tartamudear. Cuando era pequeño, tuve un problema de tartamudeo, porque tenía muchos pensamientos en mi cerebro, y procedían de todas partes. A mi boca no le daba tiempo a seguirme.

Estoy de acuerdo. Muchísimas personas no pueden seguirnos en lo que nos pasa en nuestro interior. Como mi hermanastro: es un genio en matemáticas. Al comienzo de cada año calcula todo cuanto tiene que hacer para conseguir un notable en cada asignatura y hacer el mínimo trabajo posible. Realiza estas operaciones con x y variables, pero no sabe atarse los zapatos. Sólo sabe ir del punto A al punto B. Hay muchísima de gente que no comprende que la vida no es ir del punto A al punto B: es ir del punto Z al punto A, y al punto G, y al punto T, antes de llegar al punto B.

P: Es así como pensáis vosotros, los niños…

Scotty: ¡Sí! Podemos calcular fractales dimensionales. Es mi segunda naturaleza y ni siquiera pienso en ello.

P: Correcto, correcto, por eso siempre te adelantas tanto a tus maestros y a lo que viene a continuación. No es que seas más inteligente que nadie, sino que es así como funciona tu cerebro.

Scotty: ¡Exacto! Como Albert Einstein. Fue nefasto en la escuela porque sabía muchísimo más que sus maestros. ¡Sacó malas notas en todas las asignaturas!

P: Esto mismo ocurre en el caso de muchos niños que se encuentran en los sistemas públicos, junto con chicos que piensan en formato lineal, que no pueden pensar más allá de este formato, y no creo que los maestros sepan realmente qué hacer con ellos; no están preparados para tratar con este tipo de pensamiento.

Pienso en múltiples tareas que podríais realizar cada uno y todos a la vez. Así podríais llegar a los límites establecidos, ¿no crees que así te sería más fácil?

Scotty: Sería más fácil porque todos se expresan de manera diferente en momentos distintos. Por ejemplo, mi hermana, desde hace poco, asiste a esa asombrosa escuela. En vez de dar a los chicos deberes cada día, se los dan a principios de cada mes, y cada cual puede decidir cuándo desea hacerlos. Siempre y cuando los haga.

P: ¿Y cómo funciona?

Scotty: ¡A ella le encanta! Está mejorando mucho. Lo que más lamento de mi hermana es que ha tenido una mala experiencia con el aprendizaje. Asocia el aprendizaje con su confusión y su ira, y no quiere estudiar. De hecho, aprender algo le resulta difícil.

P: Esto se convierte en motivo de frustración, y, cuando los niños tienen 14, 15 o 16 años, experimentan ciertos problemas. He observado muchos casos. Los llamo chicos transicionales. Ven cosas, las oyen y sienten; son muy sensibles, pero no conscientemente, como algunos de nuestros niños más pequeños. Comienzan a adoptar sentimientos tan negativos hacia sí mismos que muestran patrones autodestructivos y muchas veces tienen problemas, o peor. Enferman del corazón.

Algunos de los chicos transicionales enferman físicamente, y nadie puede imaginar qué es lo que no va bien. A esto lo llamo «enfermedad cósmica». Me pone tan triste pensar que todo cuanto se precisa es que alguien diga: «Sé lo que quieres decir. Sé cómo te sientes, es real, y es correcto que así sea», y les permita expresar con franqueza sus sentimientos en cuanto a la falta de autoestima. Pero la gente no lo hace. Esta situación me preocupa muchísimo.

He trabajado con algunos niños realmente traumatizados. Se sentían muy heridos por la sociedad e incluso por su propia familia. No intencionadamente. Sus familiares les deseaban el bien, pero carecían de la percepción consciente o de la pericia que se necesitan para ayudar. Estos niños no se ajustaban a ese molde. Tu hermana no es una de ellos, pero siento que su frustración es similar.

Scotty: Sí.

P: Pero, ¿cuáles son sus dones?

Scotty: Sabe esculpir. Es asombroso. Tiene bustos y cabezas de dragones que parecen reales.

Rhianna: Los niños especiales necesitan que las personas no les digan que son raros. Necesitamos más lugares para encontrarnos con otros niños como nosotros, asistir a clase, tener buenos alimentos y conocer a personas agradables.

Nathan: Los niños necesitan bondad, paz y amor.

Jasin: Necesitamos que nos traten con amor. Ayudadnos a aprender a vivir en amor, paz y armonía.

Joseph: Creo que no tenemos por qué hacer que sientan miedo de lo que tienen.

Scott: Los niños de cristal e índigo necesitan un ambiente muy positivo, estar rodeados de personas que los apoyen, en vez de decirles: «Oh… esto no es nada… es tu imaginación… sólo has visto una sombra, o… ¡estás loco!», como hacen muchas personas. La gente que te rodea y verdaderamente te apoya por ser diferente en vez de abandonarte. Esto es de gran ayuda.

Ahn: En mi caso, mi madre me escuchaba y respetaba y eso era muy importante. Otras actitudes útiles son permitirnos «salir de la caja» y animarnos a imaginar y crear. Los niños como nosotros necesitan una escuela que comprenda nuestra sensibilidad y nos den vía libre. Me gustaría ver una escuela construida en cristal y con los suelos de piedra; sin papeles, sólo experiencias (aprendemos mejor si podemos sentirlo). Sin inmunizaciones u otros pensamientos basados en temores. Sólo alimentos de alta vibración en el almuerzo y pensamientos de cómo enseñar. Orientación y meditación, sanación por medio de sonidos, yoga, buscar la verdad en el interior. Esto podría ayudarnos mucho.

Viajar es la MEJOR educación. Programas que incluyan la vida en otras culturas, aunque sea durante poco tiempo, también serían magníficos tanto para los niños como para los padres. La competencia es una vibración más baja, de modo que creo que no debería formar parte de nuestro sistema escolar. Entiendo que la enseñanza escolar para los niños como yo debería constituir una fusión de compañerismo con los maestros y un sentimiento de familia dentro de la escuela. Hay que reconocer y apreciar la sabiduría que hay en cada niño.

(Los puntos de vista de Scotty dieron un giro específico. Lo que más le preocupaba era el tipo de educación que él y otros niños estaban recibiendo.)

P: Así pues, ¿qué diríais a las escuelas del mundo? Ésta es vuestra oportunidad. Podéis decir: «Escuelas del mundo, enseñadnos lo que necesitamos… Somos diferentes a los niños que estuvieron aquí antes que nosotros, no comprendemos con la manera en que vosotros queréis enseñarnos, no oímos según el modo que queréis impartir las clases, y sabemos más». ¿Qué diríais?

Scotty: Yo diría: enseñadnos cosas que pudiéramos utilizar en la vida. Porque estamos aprendiendo cosas que jamás empleamos. No utilizamos las igualdades funcionales inversas, o la información sobre algunas de esas viejas y aburridas personas sobre las que leemos. No usamos muchas cosas que nos enseñáis.

Enseñadnos cómo hacer el balance en una chequera, cómo ir a los bosques y construir una casa. Enseñadnos cómo podemos sustentarnos. Enseñadnos cómo utilizar todas esas cosas que aprendemos. Porque se nos enseña cómo aprenderlas, pero no por qué las aprendemos.

P: Sí, enseñar cómo se aplican.

Scotty: ¡Así que se aplican! Porque, ¿no es éste el objetivo del aprendizaje? ¿Para qué aprenderlo si no se va a utilizar?

P: Es cierto. Si se aprende por medio de simple memorización, si sólo tienes que saberlo, pero no se te permite preguntar por qué, entonces no se trata más que de reglas. De modo que si aprendes en un ambiente donde se te enseña cómo aplicarlo, qué significa, para qué sirve, entonces tendrías una idea, y así resultaría mucho más interesante.

Scotty: Correcto. Una de las pocas cosas que he utilizado desde que comencé la escuela es que en química nos enseñan la densidad del peso de la madera y creo que es maravilloso, porque encuentro palos y ramas y no sé cómo clasificarlos porque el viento los ha maltratado y no hay ningún rasgo distintivo…

P: ¿Así que eres capaz de diferenciarlos por su densidad?

Scotty: Claro. Puedo cortar un pedazo y descubrir todas las propiedades médicas o mágicas de la madera; además, tengo muestras de madera que ya he identificado y cuya densidad he medido y puedo establecer las densidades de muestras desconocidas y saber a qué clase de madera pertenecen. Así que puedo utilizarlo. Esto es lo único que he podido usar de las clases de química.

P: Es estupendo, porque puedes aplicarlo a todo tu entorno…

Scotty: Sí, y puedo identificar las plantas del mismo modo. ¡Tomo una muestra conocida y comparo su densidad con una muestra desconocida y *voilà*!

P: ¿Qué piensas del ambiente en la escuela?

Scotty: Mi escuela es decididamente una excepción, porque tenemos a los más asombrosos maestros. Como mi profesor de inglés del año pasado, que tenía unos principios asombrosos. Por ejemplo, si teníamos que escribir una redacción de 15 páginas, él también escribía una, y luego la leíamos. Siempre se sentaba en la clase como uno de nosotros. Y nunca se sentaba frente a su mesa. Se sentaba junto a una mesita redonda, y no se nos permitía levantar la mano porque esto le hubiera hecho sentirse superior y no tenía que ser así. Tenía los puntos de vista más asombrosos que se pueden aplicar a la vida, y también podíamos juzgarlos. Y decía: «Bueno, ésta es una buena opinión». Nos ayudaba. Y creo que el único trabajo de un maestro es ayudar. Ayudar a los niños en el aprendizaje de las asignaturas, porque los niños, si se les ayuda, desearán aprender. Y este maestro, efectivamente, era de gran ayuda.

P: Éste es un punto de vista fantástico. Cuando yo iba a la escuela, algunas personas nos hacían sentir inferiores, de modo que podían actuar como si supieran más, pero todo eso cambió, porque hoy en día los niños saben mucho más.

Me dijiste antes que estabas siempre años luz por delante de tus maestros. ¿Quieres hablar sobre esto ahora?

Scotty: Sí; por ejemplo, cuando estaba en cuarto grado, la maestra en la escuela Waldorf dibujó en la pizarra unos jeroglíficos, y yo dije que sabía lo que significaban y ella me entregó un alfabeto y lo memoricé en más o menos media hora. Eran simplemente jeroglíficos, pero comencé a interpretar cosas; aunque se trataba de egipcio antiguo, lo comprendí bastante bien. Así, en alguna parte de mi interior ya conozco todo eso.

P: ¿De modo que posees una memoria interior?

Scotty: Correcto.

P: ¿Y en cuanto al ambiente, el entorno escolar en general, es decir, los colores, los muebles? ¿Sugerirías algo para que alguien tan sensible como tú se sintiera cómodo?

Scotty: Decididamente, sí. Es el caso de Santa Bárbara, cuando asistí a una escuela con más de 3.000 niños. Había pupitres, las paredes, el techo blanco, y teníamos que estar en esa enorme sala vacía con posters aburridos en la pared y otras cosas. Caminaba por el aula y ya me aburría. Me sentía como algo vacío y sin alma. Sin alma. No lo puedo soportar. La escuela a la que voy ahora es mejor. Las paredes son de colores. ¡Maravilloso! *Esto es emocionante.*

P: Bueno, es un gran paso para una institución.

Scotty: En mi escuela tenemos alfombras y una sala donde hay divanes. En el aula de mi maestro de inglés tenemos mesas redondas y bonitos posters en las paredes, y anuncios de grupos musicales...

P: Así que el maestro creó para vosotros un entorno familiar.

Scotty: Es un aula con alma. No es meramente una sala blanca y vacía donde uno se siente como en un sanatorio de locos.

P: Para matar el rato.

Scotty: Sí, realmente para matar el rato. Es así como uno se siente en muchas escuelas. Y todo el mundo calcula el tiempo que le queda en la escuela.

P: Mirando el reloj, que está exactamente encima de la cabeza del maestro.

Scotty: Es cierto. Sólo nos quedan tres años, sólo dos días para que termine la escuela…

P: Porque es duro estar allí…

Scotty: Correcto.

P: Sé que esto ha sido así a lo largo de generaciones. Que todos los chicos en la escuela lo han sentido así y que algunos lo viven. Pero, por encima de todo, están desesperados por dejar atrás la actitud general. En mi opinión, se trata de crear un entorno que tienda no sólo hacia lo humano en los niños, sino también a sus sensibilidades, para chicos como tú, con ese carácter expansivo. Los colores, las formas, el modo en que se disponen los muebles, la adecuación del aula o la limpieza del entorno son muy importantes. Menos caos. Hay que desembarazarse del caos visual, tener cosas con sentido y suavizar con cosas vivas, como plantas.

Scotty: Sí, esto es lo que me gusta. Entonces, si te aburres, siempre puedes hablar con las plantas.

P: ¿Y te responden?

Scotty: Sí, claro que responden.

P: ¿De qué conversáis?

Scotty: De cualquier cosa; las plantas saben mucho sobre dimensiones. Puedes preguntarles su nombre, qué es lo que hay en su tierra, qué es lo que les gusta.

P: ¿Has conversado alguna vez con alguno de los árboles que han estado aquí a lo largo de cientos de años?

Scotty: Es una experiencia asombrosa. Pueden decirte todo lo que han visto desde que eran pequeños, diminutos brotes. Son tan divertidos; es semejante a «si las paredes supieran hablar…».

P: Entonces, ¿de qué tipo de cosas hablas en tales situaciones?

Scotty: Bueno, depende. A veces, los árboles son verdaderamente crípticos, y otras lo dicen todo de una manera directa. Se parece mucho a una sociedad de sordos. Tuve un maestro sordo y aprendí el lenguaje de los sordos; adquirí bastante fluidez. Me gusta por lo sencillo que es; es como: «Hoy estás gorda, ¿estás embarazada?». Me gusta su sencillez, porque generalmente la gente suele ser del estilo: «Oh, ¡no! No le digáis que tiene algo en los dientes», y las cosas se complican o nos limitamos a dar más vueltas.

P: Es interesante, porque cuando conversamos con las plantas y los árboles, su lenguaje es muy claro y sin subterfugios. No creo que la gente se dé cuenta de que los árboles y las plantas pueden comunicarse con nosotros.

Gabriel: Los niños necesitan saber lo que sucede en este mundo. Precisan que sus corazones, mentes y cuerpos se alimenten bien, y así podrán ser parte de la solución.

Lindsay: Aceptadlos. Olvidad los patrones. No importa si a tu hijo le gusta el fútbol o si sólo desea estudiar a los extraterrestres. Cualesquiera que sean sus elecciones en la vida, apoyadlas, ya que no le hacen daño a nadie. He visto a muchos padres que tratan de dirigir a sus hijos hacia determinadas direcciones (por lo general, equivocadas), simplemente porque creen que es allí donde su hijo debería estar. Escuchar ayudará, pero tenéis que trabajar para comprender lo que oís y actuar. Podéis compartir con vuestros hijos el conocimiento que habéis adquirido, en espera de que ellos tomen buenas decisiones. Hay grandes probabilidades de que si actuáis así, ellos hagan lo mismo. La aceptación y el amor serán la clave para el futuro de las nuevas generaciones.

14

Si todos comprendieran que realmente están creando el mundo donde viven, esto lo cambiaría todo.

Christina

CUANDO CAE LA OSCURIDAD
© JUDE DECOFF 2007

Mientras estás sentado en tu mecedora,
preguntándote, preguntándote, Dónde, oh,
dónde están
el guía, el profeta, el rey y el mendigo
de cada vida que has vivido, recordarás
cuando el tiempo sea apropiado como ningún otro,
verás tu destino allá arriba en las estrellas,
el mensaje, la visión, la luz interna
te mostrarán tu sendero hacia el resplandor destinado,
verás tu momento en la vida,
verás el sendero tan claramente como el vuelo de
la abeja con alas de telaraña y del hada de la luz,
volarás a casa con amor y con una ofrenda
de dulce miel.
El reino astral tiene muchas sorpresas,
las sirenas, los duendes y la energía
que se eleva,
los podrás ver a través del velo y a través
de tus propios ojos cerrados.
Tu alma clara con pesada carga del karma
como una mecedora con los balancines tocando el suelo,
acomodarás tu cabeza en el regazo de tu madre
una vez más
te ama, te sostiene, te acaricia y te cuida,
y ya no atreve a juzgar de antemano,
el camino no es odiar ni causar dolor.
¡Ama al diminuto ser
y ese día triunfarás!

Cambiar el rumbo
de la humanidad

Casi todas las naciones de la Tierra se sienten preocupadas por la dirección hacia la que se dirige la humanidad. Algunos creen que vamos por el camino de la autodestrucción y que estamos devastando nuestro planeta, la savia vital de nuestra existencia como humanos, acabando con los recursos naturales, contaminando el aire, el agua y la tierra y, en general, descuidando el planeta en que vivimos.

En muchos aspectos, la humanidad se ha tornado menesterosa, carente de dirección, complaciente y temerosa de actuar, excepto que algún acontecimiento catalizador o reto nos amenace directamente. En vez de actuar de manera directa, la gente dice que «ellos» podrán hacerse cargo. El problema reside en que «ellos» no existen, sólo existimos «nosotros».

Estamos agotando los recursos de nuestro planeta. Algunas personas hacen fortuna con ellos, mientras que otros pagan mucho dinero por el mero derecho de usarlos. Lo más importante es que la situación está fuera de control.

Por ejemplo, cerca del polo Norte, los glaciales se están derritiendo. Este hecho podría causar, y causará, en última instancia, una inundación gobal de proporciones bíblicas. A consecuencia de esto, la costa se tendrá que trazar de nuevo. Existe una posibilidad muy real de que algunas personas pierdan su hogar y su vida. Los gobiernos, en vez de hacer lo que puedan para hallar una solución que ponga fin al problema, no cesan de obtener cada vez más recursos de gas y petróleo en áreas que antes no eran accesibles.

Con la amenaza del calentamiento global, de los cambios climáticos, los cambios en la Tierra, la sequía, la escasez de alimentos y la ausencia o inaccesibilidad de la atención médica, es posible que haya llegado el momento en que debamos mirarnos en el espejo.

Los niños parecen siempre tener puntos de vista inocentes que albergan verdad en cada una de sus partículas. ¿Son nuestros niños conscientes de lo que sucede en la Tierra? Para saber su opinión, les planteé esta simple pregunta:

P: ¿Qué tendrá que hacer la humanidad para cambiar su rumbo?

Y sus respuestas fueron asombrosas.

Nicholas: Ahora que nos estamos reuniendo y prestando atención a los niños de cristal y a nosotros mismos, la Tierra está escuchando y siente profundo amor hacia nosotros. Si intercambiamos opiniones como hacemos ahora, nuestro planeta Tierra se emocionará, y *gran parte del daño podrá revertirse*. Esto es posible si se eleva la energía vibratoria, como una verdadera oración y meditación masiva sobre el amor por el bien de nuestro planeta Tierra.

(Grandma Chandra habla sobre la polarización entre la gente y sobre las energías armónicas en una escala mucho más universal… Los espirales a que se refiere son en realidad polarizaciones de energías, frecuencias alta y baja, luz y oscuridad…)

Grandma Chandra: Muchas personas ya han cambiado su rumbo; existen aproximadamente cuatro mil millones de personas que están optando por participar en el nuevo desplazamiento energético de 777. Existen dos espirales de energía: una, vinculada a la tercera dimensión, donde vemos más crimen, guerra, tortura, etc., y otra, la nueva espiral espiritual, a la que se han unido muchas personas. Ambas espirales están alcanzando su propia conclusión.

Jude: La única manera de cambiar el rumbo de la humanidad es abordarlo con una vibración de amor para llenar nuestra percepción consciente y para que el autodescubrimiento personal reemplace a la religión. La espiritualidad es la religión primaria de la Tierra.

No existe una religión que conduzca a otra cosa que no sea preocupación por el dinero y expansión. Las guerras santas tienen que cesar. Sólo el amor ha de esgrimirse en nombre de Dios. La ilustración, la enseñanza de conocimientos antiguos, nuevos y actuales, y la unión de toda la humanidad como la única raza humana harán que al fin las cosas cambien.

Tenemos que dejar de vivir con miedo y empezar a vivir con visiones de luz y amor. Para que las cosas vayan mejorando, en los próximos pocos años deben producirse cambios cada vez mayores y acelerados.

También tenemos que dominar el exceso de energías de la Tierra y del universo. Si no lo fusionamos con nuevos criterios mutuos, las energías bombardearán la Tierra con desastres naturales y terrores.

Las personas que piensan que conocen a Dios y a sí mismas y que ponen el nombre y la esencia de Dios en guerras o atentados suicidas no Lo conocen. No se conocen a sí mismos ni buscan lo suficientemente para descubrirse a sí mismos o a Dios. Van por el camino más fácil y hacen como el ganado que sigue a la campanilla. No asumen el reto de descubrirse a sí mismos y asentar sus creencias en la sociedad, en especial si éstas no convienen a la mayoría de los que les rodean. Sólo con perseverancia, devoción interna y descubrimiento de nosotros mismos y nuestro propósito en la vida podemos conocer verdaderamente a Dios. Entonces, y sólo entonces, el mundo cambiará para mejorar. Para que un cambio social se manifieste, deben existir en la Tierra grandes masas que despierten y se perfeccionen.

P: Jude, ¿cómo podemos actuar?

Jude: Cada uno de nosotros debe considerar que con nuestro pensamiento creamos y cambiamos nuestra propia realidad. Una vez que comprendemos el proceso de creación de nuestra realidad interna, podemos mejorarla. Descubriremos que estamos en un proceso cocreativo que se conoce como *vida* en el que participamos junto al Creador, a quien conocemos como Dios.

Tenemos que asumir la unicidad y la responsabilidad en la autorrealidad antes de que se manifiesten cambios demasiado importantes. Si no cambiamos, creo que van a suceder muchas cosas relacionadas con desastres naturales, guerras religiosas a gran escala, sublevaciones de personas pertenecientes a las clases inferiores cuyos ingresos son los más bajos, y muchos que van a perder la vida por una causa que no es en modo alguno reflejo de la Tierra ni de Dios.

La manifestación y el cambio de la realidad no son fáciles. Para aprender el proceso hay que dar muchos pasos. Sin embargo, es el verdadero modo de vivir y cocrear, junto al Creador Supremo.

P: Weston, ¿qué podemos hacer para cambiar el rumbo al que se encamina la humanidad?

Weston: La gente ha perdido el sentido del humor. En cuanto a mí, me río muchísimo. Me encanta inroducirme en la mente de las personas y hacerlas reír. Todo el mundo es demasiado serio. La gente se preocupa tanto de quién tiene la razón y quién no la tiene, y de qué Dios es el verdadero y único que se le ha olvidado que existe un solo Dios y que es de todos nosotros.

Cuando miras el mundo desde arriba, puedes ver que carece por completo de líneas, y, sin embargo, a lo largo de toda la historia humana, se libraron guerras por líneas imaginarias. Esto se debe a que las personas, al parecer, no quieren reconocer sus diferencias. Diferentes colores de la piel, distintas culturas o creencias, etc. La verdad es que cuando miras más allá, encuentras a personas que necesitan, a personas que sienten... que son personas. No enemigos, no malos, sino reflejos de Dios.

Hay personas que tienen hambre y lo único de lo que disponen es el suelo de tierra en el que duermen, y ni siquiera eso les pertenece. Estas personas y sus hijos pasan hambre y mueren de enfermedades que se pueden prevenir, mientras que otros acaparan cosas y ni siquiera piensan en nadie más. Nadie debería carecer de lo que necesita. *Ni una sola persona.*

Si todos tuvieran satisfechas sus necesidades básicas, si se formara una coalición de personas para dirigir el equilibrio, si a todos en este mundo los trataran de igual manera, éste sería un magnífico comienzo para el cambio general. Lo que digo es que debemos avanzar hacia una situación de un mundo, en vez de vivir la fantasía de que cada cual tiene sus fronteras y que los cambios deben producirse dentro.

Sería correcto y aceptable que las personas tengan culturas distintas. Lo que no es adecuado es que lleguen a la guerra a causa de esas diferencias religiosas.

En todas partes hay gente que se limita a estar sentada y a imaginarse que «ellos» van a arreglar las cosas. «Ellos» somos todos nosotros, y, sin embargo, la mayoría de la gente no actúa. Sigue con sus cómodas vidas sin mirar nada más.

A la Tierra hay que dedicarle más preocupación y más acción. Existen venenos que penetran en el planeta en forma de sustancias químicas tóxicas y drogas que cambian relaciones dentro de la cadena alimentaria. Esto produce cambios en el modo en que la comida actúa dentro del cuerpo. Esto diferencia lo que es saludable de lo que no lo es. Los animales también resultan afectados. Muchos de ellos se mueren. Hay especies que nunca volverán a aparecer en la Tierra, y esto es triste. Le puede suceder a la humanidad si cada cual no pone de su parte.

La verdad es que las generaciones anteriores no nos han dejado un entorno muy sano donde crecer; nuestras familias y las personas actuales lo han empeorado aún más.

Los recursos de nuestro planeta se utilizan en exceso, y nadie los repone. Sólo tenemos un planeta y no lo cuidamos. La gente destruye el equilibrio del sistema ecológico hasta un punto en que el daño va a ser irreversible. Tenemos que retornar lo que tomamos.

Con todos los cambios que se producen, el planeta Tierra está muriendo. Si muere, se llevará a todos, y la culpa será nuestra por no actuar. Por no cuidar y no ver lo que está delante de nosotros. Si la humanidad va a cambiar de rumbo, todos tienen que abrir los ojos y ver lo que está sucediendo en realidad y cumplir su parte. Es posible, y todavía tenemos tiempo, pero no demasiado.

Tristan: Creo que es importante para nosotros saber cómo nos sentimos por dentro. Si nos sentimos mal, podríamos hablar sobre este tema con alguien en vez de tratar a otros con sentimientos airados. Entonces podremos sentir amor por dentro.

Peter: Más amor, menos odio, menos peleas, más abrazos.

Christina: Si todos pudieran comprender que donde viven realmente están creando el mundo, podría cambiarlo todo. Si alguien dice: «el mundo es un lugar horrible», entonces es esto lo que está creando para él, al mismo tiempo que para el mundo. Pero cuando miras alrededor y dices: «este mundo es bello y emocionante», es esto lo que estás creando.

Rhianna: La humanidad necesita escuchar a los ángeles y los espíritus que nos rodean. Quiero que la gente cuide la Tierra y no la use como un gigantesco basurero. Escuchad a nuestros espíritus guías.

Nathan: Nuestro mundo necesita más paz y amor.

Jasin: La respuesta a todo es el amor. Vive tu sueño. Ama tu vida. Ama. Ama. Ama. Ama. Ama. Nunca dejes de amar.

Joseph: A cada mente le costará trabajo cambiar su modo de pensar y enviar amor incondicional a todas las personas y ayudar. No sé cuánto tiempo se precisará ni qué es lo que va a suceder. Pienso que es la mente de cada uno… cada mente puede funcionar como un grupo para enviar el amor incondicional a todos. Creo que simplemente no lo hemos intentado. No creo que lo hayamos hecho. Tal vez se trate de esto.

Scott: Algunas personas creen que algo puede cambiarlo. Yo considero que es posible. Esto podría cambiar nuestra actual manera de ser. Pero qué es lo que puede cambiarlo… para esto no tengo solución.

Ahn: Opción, voluntad, concentración intencionada y amor incondicional son cosas que la humanidad necesita para cambiar su rumbo actual.

P: ¿Cómo ves el cambio que ha de dar el mundo para ser un lugar mejor?

Scotty: No lo he imaginado todavía.

P: Vale. Pero como visionario, porque sí eres un visionario, ¿qué dirías que necesitamos para cambiar el mundo?

Scotty: Creo que precisamos reconocer la otra cara de la vida. No es necesario que estés tan desvinculado de ti mismo y no creo que todo sea materialista. El sueño americano es tener una esposa rubia y un BMW, pero, decididamente, la vida es mucho más que eso.

P: ¿Entonces, se trata de estar más en contacto con nosotros mismos; es más la autorrealización que lo externo?

Scotty: Sí, correcto. Conócete a ti mismo y conocerás el universo. Esto es maravilloso, porque si te conoces a ti mismo, puedes luchar contra cualquier cosa que te ataque, y nadie puede ponerte un apodo ni nada por el estilo, y esto no importa, porque tú sabes quién eres. Es algo como el agua que choca contra una roca. Si te conoces, eres una roca muy dura.

P: ¿Quién eres, Scotty?

Scotty: Soy, decididamente, una roca dura.

P: Entonces, ¿crees que descubrir lo que hay dentro de nosotros conduciría hacia un mundo de otro tipo?

Scotty: Sí. En realidad, estoy tratando de conocerme para poder hacer cosas en el futuro y no derrumbarme. Una vez que te conoces, es como cuando las pequeñas ondas producidas por unos guijarros que lanzas se expanden a todo el lago. Sigues lanzando todos los guijarros hasta que un día lanzas toda una roca y el lago cambia completamente.

P: En realidad, no sabemos cómo las pequeñas cosas que hacemos afectan a las personas en el mundo.

Scotty: Correcto.

P: Cada instante que existimos cuenta, y esto es lo que quieres decir. Si se actúa de forma positiva, todo cambia.

Scotty: Es verdad, y si todos se detienen frente al lago y lanzan guijarros todos juntos y a la vez, el lago puede cambiar bastante. Se trata de todas las personas que han cambiado el mundo. Ghandi empezó quemando pequeños papelitos y cambió un país entero. Ha cambiado un planeta entero.

P: Lindsay, ¿qué le costará a la humanidad realizar los cambios que necesitamos para variar el rumbo?

Lindsay: Tiempo.

15

Negro, blanco o púrpura; gay o heterosexual;
hombre o mujer; empleado de un restaurante de comida rápida o abogado de la Ivy League; no importa.
Lo que importa es el amor. Porque si no podemos aprender
a amar, ¿cuál es el sentido?

Lindsay

Encuentra tu espíritu. Pregúntate a ti mismo
qué es verdaderamente importante. Y comienza a serlo.

Weston

Cuando la vida va en contra de tus planes
Recuerda que Dios sostiene tus manos
Cuando las cosas son oscuras y terriblemente grises
Pide a tu alma desde tu corazón que se quede
Hay lecciones que debes aprender en tu camino
Ten fe, cree y comienza a rezar
Él te oye cada vez que lo haces
Usa sus nombres cuando rezas a lo divino
Él está dentro de ti, en tu alma
Así que relájate, respira y ¡deja que todo siga su rumbo!

Mensajes
a nuestro mundo

¿Te gustaría decirle al mundo tus pensamientos, sentimientos y tus ideas únicas y personales? ¿Deseas algunas veces tener la oportunidad de que te escuche un gran número de personas? En cuanto a mí, ni siquiera sé cuántas veces me ha sucedido esto.

La mayoría de los niños no están sentados tratando de vocear sus palabras al mundo. Son niños a quienes les gusta jugar y que no se preocupan demasiado a no ser que se trate del dinero que reciben para sus gastos o de si Billy puede quedarse a pasar la noche. Los Niños de Ahora se preocupan muchísimo sobre nuestro mundo. De hecho, muchas veces nos expresan sus pensamientos y sentimientos, pero no los oímos. Quise verdaderamente oír lo que tienen que decir los Niños de Ahora.

Después de haber conversado con tantos de estos niños hasta ahora, me preguntaba: ¿qué *dirían* nuestros niños si se lo preguntaba? ¿Cómo ven *ellos* lo que está sucediendo a la humanidad, a nuestro planeta, a nuestro futuro? ¿Qué, según su opinión, debemos cambiar? ¿Cómo pueden nuestros niños, que evolucionan con rapidez como seres de luz, contribuir a nuestra percepción consciente, a nuestras percepciones del verdadero estado de nuestro mundo, y a la humanidad, cuando tantas personas permanecen indiferentes a lo que nos está sucediendo?

¿Qué dirían nuestros chicos si se les presenta la oportunidad? Veamos. Algunos de ellos decidieron aportar algo más, además de las respuestas a la pregunta que les hice, así que incluí también algunas de estas ideas. ¿Los oiremos a nivel del alma o pensaremos qué inteligentes son, qué graciosos, y seguiremos con nuestros asuntos? Dejo esta elección a cada uno de vosotros. Pero sí os pido que leáis con el corazón abierto. Ésta es la pregunta general que les formulé:

P: **¿Cuál es el mensaje principal que tenéis para el pueblo de nuestro mundo?**

Nicholas: Mi mensaje para la humanidad es muy sencillo: aprende a escuchar a tu corazón. Tan sencillo como suena, y nos exige mucho. Según mi propia experiencia, he descubierto que cuando escucho a mi corazón, nunca me permite equivocarme. En nuestro corazón tienen cabida todas las emociones, humildes o no tan humildes. Nuestra infinita energía del alma reside en nuestro corazón. Éste es el testimonio de la experiencia a través del tiempo. Cuando despertamos para penetrar en el centro mismo de nuestro corazón, aprendemos a vivir con gran amor. Hay un sentimiento que crece en el interior y sigue desarrollándose hasta que sentimos que se desborda para inundarnos de alegría. Es así como sabemos que estamos dentro del centro mismo de nuestro corazón. Se nos invita a traer todo tipo de emociones, así que podemos volver una y otra vez al centro de nuestro corazón.

P: Nicholas, ¿por qué hay en el mundo pobreza y sufrimiento?

Nicholas: Creo que la pobreza y el sufrimiento que existen en el mundo se deben a un enorme error que está cometiendo la humanidad. Este error consiste en pensar en términos de *carencia*. Puesto que existe parte de la población que obtiene una riqueza mayor y cuyos pensamientos fundamentales proceden del miedo, hay entre ellos una tendencia a consumir más.

El resultado es lo que denominamos «pobreza». Esta pobreza se debe no tanto a un pensamiento empobrecido como a uno basado en la avaricia. Reemplaza este pensamiento basado en la avaricia por un amor incondicional, y puedes dar por seguro que su «carencia» disminuirá.

Jude: Un gran desplazamiento se va a producir muy pronto en el mundo. Por lo que he visto, van a tener lugar muchos desastres naturales y destrucción; sin embargo, en el nuevo mundo, habrá también seres humanos supervivientes. Hay muchas cosas que tenemos que hacer para prepararnos para este acontecimiento. En todos los medios de información aparecen imágenes y documentales que tratan sobre el calentamiento global, e inundaciones y destrucción masiva.

Por favor, no os dejéis vencer por los aspectos negativos y los pensamientos que todas esas influencias despiertan en la psique humana. ¡Tenemos que adueñarnos del exceso de energía que está bombardeando este planeta y emplearlo para su curación! ¡Haced que vuestros pensamientos sean positivos y que se centren en la naturaleza y el amor! Necesitamos cuidarnos unos a los otros y enviar energías de sanación y amor a lugares del planeta que en la actualidad son negativos. El mero pensamiento en cosas positivas que pueden ocurrir en lugares donde nunca habéis estado envía al universo una cadena positiva de acontecimientos, de modo que nuestro Creador puede manifestarlos conjuntamente con nuestras propias y personales energías de manifestación.

Somos parte del Creador. Somos capaces de salvar a la Tierra con nuestros pensamientos y acciones diarias si primero pensamos en sucesos negativos y, acto seguido, los liberamos dejándolos ir al universo con la intención de reciclarlos para convertirlos en sucesos positivos. Por favor, no os dejéis embargar por lo negativo y dejad entrar la luz y las energías positivas del universo de la fuente, el Creador, Dios y lo divino. Fluid y resplandeced todos los días. Sed amables, amorosos, compasivos y dejad a un lado esa vida mundana de silencio en que nos sumergimos a diario. Sed interactivos dentro de vuestra realidad y co-cread junto a Dios el mundo donde deseáis que los hijos de los hijos de vuestros hijos se desarrollen y vivan. Amad la vida con y a través del AMOR.

Weston: La humanidad debe retornar al amor. El mundo está repleto de drama, miedo, ira y conflicto. Hace falta un cambio para mayor bien de la humanidad. Se le muestra resistencia porque los seres humanos no recuerdan nada más allá de su vida actual, dominada por la información masiva y que justifica, de hecho, todo cuanto hagan. La humanidad debe recordar más allá de la ilusión que lo vital en la vida no es lo que parece ser. Es preciso deshacerse del miedo porque la verdad es mucho más sencilla. El miedo conduce a la ausencia de cambio. Lo desconocido está más allá de lo conocido, y el miedo a lo desconocido se halla más allá de la razón.

Los países de la Tierra muestran la existencia interna de la humanidad con todos los colores de alegría y el espíritu sin límites, así como la desolación de un corazón derrotado. Al igual que los ríos fluyen, así fluye la vida. De modo que existe un inmovilismo, como el de las grandes rocas en una montaña. Muchas personas llevan una vida sin movimiento. La carencia de movimiento en la vida es tristeza. La vida consiste en abrazar y dejarse abrazar por las otras formas vivientes y establecer intercambios con ellas. Las percepciones no deben atenuar los colores de la vida, sino tan sólo expandirse en su resonancia por la alegría del espíritu.

Tenéis que compararos con los animales, con los que escarban, y que, sin embargo, poseen sus propias y verdaderas almas. No tienen miedo, sólo deseo de sobrevivir. Poseen la libertad de su naturaleza básica, la inocencia en virtud de existir.

Esos animales a los que se les ha mimado y desviado de su verdadera naturaleza sólo recuerdan en sueños su estado salvaje. Temen muchas cosas porque carecen de experiencia. Así son las personas. Desean que se les mime, se sienten demasiado cómodos en sus refugios seguros, tienen, poseen cosas, pero carecen de conocimientos sobre la vida en general. Han olvidado su estado salvaje y su inocencia.

La inocencia se encuentra en la luz de amor y de gracia. Los humanos se han extraviado en su propio interior y se sienten avergonzados de mostrar su gracia, al igual que se sentirían avergonzados ante la respuesta de otros. La verdad es que otros responderían de igual manera, y su amor, su gracia, resplandecerían aún más.

La clave es la diligencia. Estar siempre conscientemente perceptivo de cómo te sientes, qué es lo que en realidad estás experimentando, dejar de engañarte por la ilusión. La mayor parte de la humanidad se ha dejado llevar por la ilusión hasta tal punto en que ya ni se acuerdan de quiénes son en realidad. Deja de escuchar lo que dicen los demás. Escucha en tu propio interior. Las respuestas están ahí. El ser humano es temporal, así que todas esas preocupaciones cotidianas no significan nada en el cuadro general de las cosas. El espíritu es eterno. Y esto es lo que realmente importa. Descubre tu espíritu. Pregúntate a ti mismo lo que es verdaderamente importante. Conviértete en ello.

En este mundo sobre la Tierra existe mucha esperanza, pero poca fe. La fe y la esperanza son dos energías totalmente diferentes de sentir y pensar. La esperanza implica fracaso. La fe conlleva la expectación del éxito. Incluso la fe es lo que crea vida cuando hay poca esperanza.

La humanidad tiene demasiadas fronteras, en particular cuando se trata de sentirse aparte, solo en el viaje, especial e importante. La verdad es que cada uno es perfecto. Existe la alegría en la unicidad, la alegría de ser el todo. No hay nada que pueda existir sin lo otro.

Tristan: Me gustaría decir a las personas que descubran el amor dentro de sí mismas y que lo compartan con todos y cada uno de los seres vivientes que encuentren. Esto es todo cuanto Dios quiere.

Peter: Creo que hay que estar agradecido por la vida que Dios nos dio y que hay que ser amable al tratar a los hijos de Dios.

Rhianna: Quiero que la gente cuide la Tierra, ¡que no la use como un gigantesco basurero! También hay que escuchar a los espíritus guías.

Jasin: Hay que evitar ante todo cortar todos los árboles, porque sin ellos también nosotros dejaremos de existir.

P: ¿Quieres decir que no habrá nada, como si nunca hubiéramos existido?

Jasin: Sí, y tendremos que empezar de nuevo, en otra forma.

Joseph: ¡Esperanza… esperanza! En lo fundamental, no perder nunca la esperanza. Con un poco de esperanza, miras la parte clara y aprendes cómo deseas cumplir tu propósito. Si tan sólo dejas que la vida pase, es que ya has decidido tu propósito. Así que no pierdas nunca la esperanza.

Scott: El mensaje que yo enviaría es que cesen las guerras y que todos actúen tan unidos como afirman que están. Los líderes dicen que están unidos: «Todos estamos unidos. Ahora te declaro la guerra». En lo fundamental, se trata de esto.

Ahn: Todas las respuestas están siempre en tu interior. Poseemos una fuerza sin límites. Ten esta fuerza, atesórala en tu corazón, alma y ser. La clave que yo utilizo es concentrarme en lo que es luz; procura «desear» más que «querer»; haz el bien esperando el bien; y ¡DIVIÉRTETE!».

P: Si pudieras decir algo a nuestros lectores, ¿qué les dirías para que sepan que todo va bien?

Scotty: Probablemente les diría que todo *va* bien. Que tengan confianza y amen la vida. Porque todo es perfecto, y, cuando se toca el fondo, el único camino es subir… Quiero decir que todo tiene su tiempo perfectamente señalado y que estamos aquí para experimentar todas esas cosas. Para tu propia alma, necesitabas todas esas cosas para poder experimentarlas y trabajar con ellas. Creo en la plena experimentación de las emociones.

P: ¿Crees que cometemos errores?

Scotty: No, no. De verdad que no. Pienso que todo es perfecto y tal vez se nos reservaba una lección que aprender o quizás hayamos actuado así para que sucediera algo más. He tenido tantas experiencias en que me decía: «Diablos, ¿por qué lo habré hecho?», y luego me encontraba con una persona estupenda o sucedía alguna otra cosa verdaderamente magnífica.

P: ¿No es asombroso cómo a veces algo que piensas que fue una verdadera metedura de pata te lleva a la más maravillosa experiencia o suceso?

Scotty: Como nuestro viaje aquí. Me sentía profundamente disgustado de tener que trasladarme por sexta vez. Estaba enamorado de California, pero ahora miro hacia atrás y soy muy feliz por haberme trasladado, porque, de haberme quedado en Santa Bárbara, ahora hubiera sido una persona completamente diferente. No me hubiera encontrado con tantas personas que han cambiado mi vida. Me hubiera limitado a permanecer en lo que ahora me parece una vida superficial. Allí, tenía la opción de ser muy social o no relacionarme en absoluto. Aquí, la vida es muy espiritual.

P: Hoy en día hay muchísima información; hay televisión, videojuegos, películas. Ves la televisión y mucha publicidad, y toda esa información desensibiliza a la gente, de modo que no podemos descubrir los sentimientos que llevamos dentro. No es posible descubrir esa alegría; nos quedamos como dormidos y ni siquiera somos capaces de saber cómo nos sentimos…

Scotty: Es cierto. Yo simplemente he eliminado la televisión de mi vida. De hecho, ya ni siquiera tenemos un televisor. Y si estoy en algún otro lugar y la veo, me abruma tanto la publicidad y cómo hablan con tanta rapidez, que no la puedo soportar. Pienso que la televisión y los videojuegos (antes me entretenía mucho con ellos) son como malgastar la vida. ¿Para qué, a través de la televisión, vivir una vida ajena? O, ¿para qué, a través de videojuegos, crear una vida nueva que no existe cuando puedes vivir la tuya propia?

P: ¡Esto es irrebatible!

Scotty: Puedes ver telenovelas, con esa agitación de vidas ajenas y, aunque es bueno para algunas personas, en vez de vivir esas vidas, podrías vivir la tuya propia. O los videojuegos *online,* donde puedes crear tus propios personajes, inventar una identidad. ¿Para qué hacerlo cuando puedes crear tu propia vida?

P: Cuando creas a un personaje, es como construir una especie de reflejo de ti mismo, que está frente a ti. No es real. Es difícil alcanzar los verdaderos valores que llegan al alma.

Scotty: Creo que deberíamos perfeccionar nuestras propias vidas en vez de tratar de vivir una vida ajena, de alguien que ni siquiera existe. Se podría utilizar este tiempo para analizarse a sí mismo, ver un venado, leer un libro, experimentar la naturaleza…

P: Tocar la realidad…

Scotty: Sí, tocar la realidad.

P: Lo que creo es que tocar la realidad nos conduce de nuevo hacia nosotros mismos, y cuando digo «tocar la realidad», me refiero a hacerlo usando todos nuestros sentidos. Los tenemos. Todo lo que nos sucede nos enseña que lo que poseemos no es importante y ni siquiera constituye la verdadera realidad. Así que se trata de dejar atrás esas ilusiones y volver a las cosas simples.

Scotty: Sí, simplificar las cosas. En mi cuarto hay un cartel enorme hecho por mí. Dice: «Simplifica». Es para mí un constante recordatorio. Cada mañana me despierto y lo miro, y me recuerda que la vida no es tan complicada como a veces parece.

P: ¿Y tú, Gabriel? ¿Qué dirías al pueblo acerca del mundo? ¿Cómo podemos cambiar nuestro camino?

Gabriel: Debemos averiguar el verdadero significado de nuestra vida y así podremos cumplir nuestro propósito. Cada persona tiene un propósito diferente. Nuestra principal meta es crear un mundo como en esos cuentos donde todos son verdaderamente felices.

Lindsay: Blanco, negro o púrpura; gay o heterosexual; hombre o mujer; empleado de un restaurante de comida rápida o abogado de la Ivy Leage, no importa. Lo que importa es el amor. Porque si no podemos aprender a amar, ¿cuál es el sentido?

16

Creo que represento a un ser en la verdad
y estoy aquí para ser un ejemplo de cómo se habla y se vive
en lo que es esta verdad.

Ahn

El fin no es más que el comienzo

A lo largo de esta obra hemos escuchado las palabras de nuestra próxima evolución, los Niños de Ahora, o al menos de una importante muestra de ellos. Nuestras realidades es posible que se hayan ampliado (así lo espero), y las posibilidades de nuestros recuerdos acerca de quiénes somos y de lo que somos capaces sólo se han visto bajo una luz algo más brillante. Nuestros chicos saben. *Lo saben.*

¿Por qué nosotros, como adultos, seguimos luchando cuando los mensajes son tan claros? ¿Estamos tan atrapados en nuestra vida de adultos exitosos que hemos olvidado, dentro del mismo corazón de nuestro ser, que sabemos más, mucho más? ¿O que las posibilidades son infinitas y la vida es un viaje asombroso? Es probable que esto suceda porque no nos damos suficiente crédito. O quizás porque no recordamos quiénes somos ni de dónde venimos. En todo caso, no hemos logrado captar que la vida no es una lucha continua ni abrirse paso a cabezazos. La vida es un don. Es una aventura sin fin donde podemos optar por un cambio. De hecho, *somos el cambio.*

¿Qué hemos aprendido de los Niños de Ahora? Tal vez que los seres humanos no son individualmente omnipotentes y que, quizás, formamos parte de un todo mayor. Que hay seres más allá de nuestra realidad que nos aman y nos cuidan desde dentro y desde fuera. En sus tradiciones antiguas y con la sabiduría de eones, nos traen enseñanzas de un conocimiento infinito, y, más allá, la sabiduría de otras eras. Esto existe.

Los niños saben, sin lugar a dudas, quiénes son. Saben por qué están aquí. ¿Lo sabemos nosotros acaso conscientemente? ¿Lo hemos olvidado o es que nunca constituyó para nosotros una preocupación?

¿Qué más hemos cosechado de estos magníficos, de estos maravillosos seres de nuestra evolución? Hemos aprendido que el amor es verdaderamente incondicional. Que somos nosotros quienes diluimos el amor hasta convertirlo en algo frívolo y desechable. Que el amor es la base de la existencia y que de nosotros mismos depende cómo vivimos.

Hemos aprendido que Dios está en nosotros y que somos Dios. Esto nos proporciona un poder ilimitado. El poder de crear cualquier tipo de vida que deseemos, cualquier clase de mundo en que queramos vivir. Hemos aprendido que Dios no es religión, sino que ésta no es más que un marco creado por los hombres y diseñado para captar la esencia de Dios. Por desgracia, la esencia de lo que se ha captado constituyó tal vez el único propósito de quienes estuvieron involucrados en los inicios de la religión. Según los niños, el único Dios es un Dios amoroso.

Los Niños de Ahora nos explican muchas versiones de lo que se encuentra más allá de la realidad que podemos ver y sentir, tocar, oír y oler. El hecho de que tantos de nuestros niños, e incluso, en estos días, un gran número de adultos, experimenten otras realidades no los convierte en enfermos o extraños, ni en personas que necesitan un tratamiento médico. Lo que esto significa es que las posibilidades accesibles a la humanidad son tan infinitas como los mundos que muchos encuentran.

¿Y en cuanto a aquello que nos pueden enseñar los habitantes de otros mundos? Quizás si pudiéramos mirar el interior de esos libros de oro cuyos portadores son algunos de los seres consejeros, lo sabríamos todo… mi sensación es que si durante un breve período de tiempo transitáramos por nuestro propio camino, descubriríamos en él una realidad muy superior que nos está esperando con paciencia.

A muchos de nosotros, estos magníficos guías nos han enseñado la verdadera naturaleza de nuestra existencia. Cómo se creó toda la materia y a partir de qué. Cómo todo funciona y cómo formamos parte de ese intrincado funcionamiento. El interrogante es si seguimos pataleando y dando gritos durante toda la vida, mostrando resistencia a todo cuanto nos es accesible a través de otros canales, o si escuchamos más allá del ruido y del silencio para captar aquello a lo que tenemos acceso. ¿Creamos la vida intencionadamente u optamos por convertirnos en sus víctimas? ¿Somos quienes debimos ser? ¿Qué tipo de vida estamos creando para nosotros mismos y para nuestro mundo?

Saber que vivimos mucho más allá de nuestro cuerpo, tanto ahora como después de «morir», nos proporciona una perspectiva totalmente nueva en cuanto a lo que es importante en nuestra vida. Las cosas pequeñas en realidad carecen de importancia. Somos seres infinitos creados de luz, y en esta luz reside todo cuanto alguna vez fue, es o será. Por lo que nos dicen los chicos, la mayoría de nosotros hemos estado aquí en más de una ocasión. ¿Tenemos que dar vueltas una y otra vez, o existe un momento en que somos maestros y reclamamos nuestra infinita herencia? Nos quedan por responder estas preguntas y otras muchas. Todo está aquí para elegir.

Depende de nosotros cómo vamos a cambiar el rumbo de la humanidad. Prefiero el camino que señalan los niños. Más amor. Más abrazos. Más luz. Honrarnos los unos a los otros y reconocer que todos somos parte de un uno integral.

Sabemos por los niños que no debemos temer a nuestro destino, sino crearlo. ¡Qué idea! Esto deja la noción del fenómeno de 2012 abierta de par en par para el proceso creador. En vez de estar aterrorizados ante el cambio, en vez de temerlo, si tomamos las riendas y avanzamos sin miedo hacia cada momento que existimos, es posible que, antes de que nos demos cuenta, ya nos veamos en el pleno cambio. La única manera de saberlo con seguridad es actuar.

Sobre todo, al analizarnos a nosotros mismos y nuestras diferencias, los niños sacaron un tema maravilloso. Cada uno de nosotros forma parte de un enorme rompecabezas. Es imposible completarlo si no participamos todos. Consideremos nuestras diferencias como partes de un éxito superior. En vez de tener falsas necesidades o temores, seamos luz.

Seamos luz.

Bendigamos a nuestros hijos, cuidémoslos. Recordemos que, independientemente de lo que algunos puedan decir a modo de juicio, vuestros hijos son vuestros hijos. No permitáis que nadie os diga lo que necesitan. Los niños ya lo saben, y no precisan medicamentos, ni nombres ni que los consideren diferentes. Lo que necesitan es heredar un mundo de amor.

Son ellos quienes pueden mostrarnos el camino.

Conclusión

RELAJACIÓN EN EL CONOCIMIENTO DE NUESTRO GRAN PLAN

POR NICHOLAS TSCHENSE

Existe un plan de tanta envergadura que resulta fácil no percatarse de él. A medida que la consciencia aumenta, ya ni siquiera deseamos preguntarnos: «¿Cuál es mi papel en el plan?», ya que esta pregunta implica respuestas evidentes.

Debido a la ley natural según la cual todo fluye, las cosas llegan adonde tienen que llegar, más tarde o más temprano. Esto es bastante similar al ejemplo del agua que fluye en el río. Puede fluir por una vía sin obstáculos y llegar antes. O puede encontrarse con una roca que actúe como resistencia e interrumpa temporalmente su paso. Debido a la ley natural según la cual todo fluye, el agua fluirá bordeando la roca para alcanzar su destino con una fuerza aún mayor.

Es evidente que el ritmo y las leyes de la naturaleza están imbuidos en el desarrollo de nuestro divino universo.

Lo que suceda a partir de ahora y hasta 2012, e incluso más allá en el tiempo, es una consecuencia natural de nuestras leyes naturales.

La roca de la resistencia es lo que encontramos al transgredir nuestras leyes naturales. Sin embargo, al igual que el río, al final siempre encontraremos el camino.

Somos como el río, cada uno de nosotros buscando y descubriendo nuestro propio camino, aparentemente dueños de nuestro propio fluir. Sin embargo, al igual que una gota de agua pertenece al agua, nosotros pertenecemos a la matriz de la vida, preordenada y predestinada. La diferencia radica en que, como participantes en la matriz de la vida, nos hallamos en el umbral de nuestra creación evolutiva. Aunque pueda parecer que esta oportunidad nos exige mucho, forma parte del plan divino. Esta mente maestra de la creación no ha dejado de lado ni al más diminuto hilo de la información subatómica para completar nuestro camino de evolución.

Se nos ha dotado no sólo de todos los datos relativos a la evolución, sino también del plano genético evolutivo completo para alcanzar nuestra gran celebración.

Poema/canción que dedico a mi mamá y a todos los niños que señalan el camino:

NUESTRA GRAN CELEBRACIÓN A TRAVÉS DE LA CO-CREACIÓN

Estamos todos aquí en esta gran bendición
  pero necesitamos amor sin aflicción.
  Los niños de cristal estan aquí como una nueva generación
  nos gusta traer amor a toda esta situación.
  ¿Y cuando se nos pregunta sobre 2012?
  La respuesta simple es que es una gran celebración
  que llega por medio de nuestra co-creación.

En estos momentos, un número cada vez mayor de niños de cristal llega para formar parte del complejo plano etéreo y genético. Honrar su presencia sirve de ayuda para todo este proceso.

Mi mensaje principal es que todos podemos estar tranquilos con el conocimiento de nuestra amorosa mente maestra, que no ha omitido ni un solo detalle.

¡Podemos estar tranquilos al saber que el amor está aquí para siempre!

Portador de Luz y Amor,
©2007, Nicholas Tschense, 10 años.
www.fiensofnicholas.com

Los puntos de vista y las opiniones que expresa Nicholas Tschense, de 10 años, pueden evolucionar a medida que el niño madure. Estas palabras las escribió con su tablero de redacción. El término «Dios» se usa como metáfora para describir a nuestro Creador. Estos mensajes van dirigidos a todos, sin ninguna excepción. Estos niños os piden que escuchéis y respondáis a través de encuestas y foros de debate.

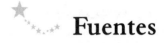 # Fuentes

A continuación, cito páginas web, libros y películas que, en gran parte, están relacionados con la información sobre los Niños de Ahora. No los considero recomendaciones, ya que esta autora no ha leído o visto cada uno de ellos. La mayoría me los han recomendado los padres, los maestros y otros profesionales que trabajan con los Niños de Ahora. Los ofrezco como herramientas opcionales para tener información sobre los niños. Al igual que con cualquier otra información, por favor, emplead vuestra discreción... Si la información os resulta de ayuda, me alegraré muchísimo.

Niños índigo
www.indigochild.com/
www.artakiane.com/home.htm
www.greatdreams.com/indigo.htm
www.indigochild.net/a_homeframe.htm
www.childrenofthenewearth.com
http://indigochildren.meetup.com/
www.experiencefestival.com/indigo_children
www.starchild.co.za/articles.html

Niños de cristal
www.spiritlite.com
www.chilrenofthenewearth.com
www.friendsofnicholas.com
www.thecrystalchildren.com/

www.metagifted.org/topics/metagifted/cristalChildren/
www.experiencefestival.com/Cristal_Children
www.enchantelearning.com/Home.html
www.learnnc.org/index.nsf/
www.ket.org/cgi-plex/watch/series.pl?&id=AJONO
www.learner.org/jnorth/current.html
www.learner.org/jnorth
www.theindigoevolution.com/
www.cosmikids.org
www.childrenlights.com
www.planetlightworcker.com

Otras lecturas

Los Niños de Ahora: el fenómeno de los niños de la nueva era: niños de cristal, niños índigo, niños de las estrellas y ángeles sobre la Tierra,
de la Dr. Meg Blackburn Losey, doctora en filosofía

Attention-Deficit Disorder: Natural Alternatives to Drug Therapy (Natural Health Guide),
de Nancy L. Morse

A.D.D. the Natural Approach,
de Nina Anderson y Howard Peiper

Without Rhitalin: A Natural Approach to ADD,
de Samuel A. Berne

Natural Treatments for ADD and Hyperactivity,
de Skye Weintraub

Bach Flower Remedies for Children: A Parent's Guide,
de Barbara Mazzarella

The Essential Flower Essence Handbook,
de Lila Devi

Beyond the Indigo Children: The New Children and the Coming of the Fifth World,
de P. M. H. Atwater

Indigo Children,
de Lee Carroll y Jan Tober

Homenaje a los niños índigo,
de Lee Carroll

Creative Activities for Young Children,
de Mary Mayesky

El mundo espiritual secreto de los niños,
de Tobin Hart, Ph. D.

Raising Your Spirited Child –A Guide for Parents Whose Child Is More Intense, Sensitive, Perceptive, Persistent, and Energetic,
de Mary Kurcinka

The Journey Home Children's Edition The Story of Michael Thomas and the Seven Angels,
de Theresa Corley

Upside-Down Brilliance: The Visual Spatial Learner,
de Linda Kreger Silverman, Ph. D.

Spiritually Healing the Indigo Children: The Practical Guide Hand-Book,
de Wayne Dosick, Ph. D. y Ellen Kauman Dosick, MSW.

Ending School Violence Solutions from America's Youth,
de Jason R. Dosey

Beyond What You See For Teens,
de Nicolette Désirée Groeneveld

Anger and the Indigo Child Transforming Anger into Love,
de Dianne Lancaster

The A.D.D. and A.D.H.D. ¡Diet!,
de Rachel Bell y el Dr. Howard Peiper

Seven Secrets to Raising a Happy and Healthy Child,
de Joyce Goleen Seyburn publicado por
Hay House

Nacido en un día azul,
de Daniel Tammet

Libros para niños
Full Moon Stories: Thirteen American Legends,
de Tagle Walking Turtle

Arrow to the Sun –A Pueblo Indian Tale,
de Gerald McDermott

Places of Power,
de Michael DeMunn

Native Plant Stories,
de Joseph Bruchac

The Sacred Tree,
de Four Worlds Dewelopment Project

The Little Soul and the Sun,
de Neale Donald Walsh

Sun Dancer,
de Edgard Hays

Special Gifts –In Search of Love and Honor,
de Dennos L. Olson

The Children's Book of Virtues,
de William J Bennet

Childen of the Sun –A Spiritual Journey Using Story and Songs
    (incluye CD),
de Laurel Savoir y Emery Bear

Personas y lugares con los que podéis contactar
Meg Blackburn Losey, Ph. D.
www.spiritlite.com o el correo electrónico
drmeg@spiritlite.com

The Montessori Schools (escuelas Montessori)
www.amshq.org

The Waldorf Schools (escuelas Waldorf)
www.awsna.org/ o *www.ch.steiner.school.nz/directories/*
    frames/n2rss.html

The HeartMath System
www.hearthmath.com

CH.A.D.D. (Children with Attention Deficit Disorder):
    (Niños con el desorden de déficit de atención)
www.chadd.org

Nutri-Chem
www.nutrichem.com

Cell Tech
www.celltech.com (Ésta es la página web de Cell Tech, la
organización que comercializa algas verde-azules.)
Klamath

Magnetic Therapy
www.primapublishing.com (Página del editor del libro *Magnetic Therapy,* de Ron Lawrence, M. D.)

Behavioral Physiology Institutes
www.bp.edu

Películas
The Indigo Evolution,
de James Twyman, Stephen Simon y Doreen Virtud

Otros vínculos valiosos
www.cem.msu.edu/~cem181/projects/97/mercury/
    #anchor233568

htpp://academy.d20.co.edu/kadets/lunberg/dna.html

htpp://articles.news.aol.com/news/
article.adp?id=200510313520999001 DNA nutrition

www.drboylan.com

www.spiritlite.com

Índice analítico

Índice